Für Sabine in Liebe

Die Jahreszeiten der Liebe

36
Dichterinnen und Dichter

(Lyrik-Anthologie)

Martin Werhand Verlag

Titelillustration,
Verlags-Logo und -Signet
von Oliver Bartsch

1. Auflage 2006
Alle Rechte vorbehalten
© 2006 Martin Werhand Verlag, Melsbach
Druck und Bindung: Clausen & Bosse, Leck
Printed in Germany
ISBN 3-9806390-4-5

Inhaltsübersicht

36
Dichterinnen und Dichter

Rüdiger Britten

Simone Brühl

Thomas Bruns

Marc Dalloul

Daniel Dölschner

Martin Evels

Frank Findeiß

Meinolf Finke

Vincent Fröhlich

Julia Groth

Eva Herold

Jenny Hörig

Gunhild Hotz

Roberto Isberner

Patrick Klein

Melanie Krinke

Stefan Krüger

Anne Laubner

Martin Lemmer

Thorsten Libotte

Werner Moskopp

Daniela Panteleit

Kathrin Raab

Melanie Reinartz

Holger Riedel

Inga Rüders

Isabel Seifried

Alexander Simm

Christoph Sommer

Dominik Steinruck

Cindy Vogel

Peter Wayand

Christiane Weiner

Martin Werhand

Susanne Wewers

Saskia Ziegelmaier

Vorwort

D i e
„Lyrik-Anthologie des Jahres"

Einfach mal kosten
und sich die Gedichte dieses Bandes mit Genuß
auf der Seele zergehen und in Ihrem Herzen zerschmelzen lassen.

Ein Buch,
das Sie tief beeindrucken und auch Jahrzehnte später
immer wieder Ihre Neugier und Ihr Innerstes fesseln wird.

Für ein weiteres ambitioniertes Projekt (bereits in Planung)

„Die Jahreszeiten des Lebens"

(Erscheinungstermin März 2007)

dürfen sich all diejenigen Autoren Hoffnung auf eine
Veröffentlichung machen, die an Qualität und Niveau nicht sparen
und auch sonst ein bißchen lyrischen Idealismus im Herzen tragen.

Wer sich angesprochen fühlt und weise Gedichte rund um das Leben
geschrieben hat oder noch schreiben wird, wendet sich bitte
schriftlich mit seinen Gedichten an den:

Martin Werhand Verlag
Talstraße 14, 56581 Melsbach
Tel.:   02634 – 980 672
Fax: 02634 – 980 672

Frühlings-Gefühle

Martin Lemmer

Cherubim.

Dir einen Kosmos
regnen lassen,

die Regenbögen
herunterholen,

das Himmelszelt
einreißen,

dir die Welt
neu taufen,

alle die Sterne
entzaubern,

alle die Wolken
bunt malen,

& mit dir
& in dir

ein Universum
erschaffen.

Martin Werhand

Adrenalin

Welche Blitze
Fragen in der Hitze
Nach der Vernunft?

Der Gedanke,
Daß ich wanke,
Zehrt an der Substanz.

Dir ein Lächeln
Zuzufächeln,
Erhöht die Brisanz.

Deine Worte
Sind meine Eskorte
In die Zukunft ...

Sei mein ENDORPHIN!

Gunhild Hotz

Vereinigung

Zwei Lavafunken im Vulkan,
sie steigen himmelwärts hinan
und stürzen in den Ozean,
zieh'n Kreise um sich, welche dann,

nachdem sie aufeinander stießen,
bald selig ineinander fließen,
umarmend sich dann zu umschließen
und ineinander zu ergießen –

Zwei Körper vor Ekstase beben,
vier Hände nach den Sternen streben,
die Herzen sich zum Himmel heben
fortan zwischen zwei Welten schweben.

Die Liebe Erd' und Himmel eint,
mein glühend' Herz im Meer versinkt,
als ob's in Tränen, einst geweint,
am Rand des Horizonts ertrinkt.

Isabel Seifried

Am Meer

Wo die Liebe ohne Ende
Tagelang ans Ufer peitscht,
Wasserflut, die immer wieder
strömend nach der Insel greift,

sind wir beide nun zugegen,
folgen wortlos ihrem Rausch,
leben, um uns hinzugeben,
ganz und gar: dem Seelentausch.

Dort, wo noch die Möwen täglich
herrlich mit den Flügeln schlagen
und wir beide unaufhörlich
endlos nach der Liebe jagen,

merken wir indessen, diese
ist seit langer Zeit entbrannt.
Und wir sinken auf die Wiese,
unser Blick schweift übers Land.

Alle Herrlichkeit der Erde
ist an diesem Ort zugegen!
Bete, dass ich klüger werde,
schon allein der Liebe wegen!

Melanie Krinke

Mit Dir

Berührungsangst fächert meine
Vergangenheit entzwei.
Doch Du bist die Zukunft.
Abgetrieben auf meinem
emotionalen Ozean endloser Weite.
Missverstandene Wortfetzen
belästigen die Klarheit
des Tages und verwirren die
ahnungslosen Parkgeister,
die doch nur ihre nussigen Vorräte
verscharren wollen.
Wohin treiben wir also?
Gibt es ein „gestern" nach dem „morgen"?
Ich weiß es nicht.
Die Gezeiten erleichtern
den Blick ins Gegenlicht und ich
Gehe los!
Frohen Mutes.
Mit Dir im Herzen.

Dominik Steinruck

Ein Frühling in der Ferne

Die Sonne weht mit sanftem Schein
Das Grau aufs Meer hinaus
Und hüllt die Bucht von Dublin ein.
Warm und hell
Vergisst man schnell
Den langen Winter der voraus.

Der blaue Duft der klaren Nacht
Scheint heute in die Luft geschrieben.
Hier wird das neue Jahr entfacht.
Frisch und rein,
Atme ein.
In diesem Wind kann jeder fliegen.

Die Bäume ihre Blüten strecken,
Und Blütenduft den Tag versüßt,
Und Vögel ihre Hälse recken.
Sie singen klar.
Wunderbar
Wird der Frühling heut begrüßt.

Und Menschen singen, lachen, pfeifen,
Als ob es Traurigkeit nicht gibt
Solang im Sonnenschein sie streifen.
Wonniglich!
Und ich?
Ich bin verliebt.

Thomas Bruns

Unendlichkeit

Im Bett die Glieder eng umschlungen
ein warmer Hauch durchspült die Lungen
dein Herz es schlägt mir immer näher
tief in dir schläft tief ein Säher

der mich schützend in sich zieht
die Angst des Seins aus mir entflieht
sind Eins, das All sprengt alle Sinne
tiefste Liebe eine Inne

in der die Welt sich nicht mehr dreht
Meerestiefe, Staub verweht
keine Uhr schlägt hier die Zeit
für immer bald die Seel verweilt

die Erde dreht sich, wir nicht mehr
in uns verborgen tief ein Meer
hier sage ich, Ich Liebe Dich
doch die Wahrheit ist, es gibt kein Ich

Vincent Fröhlich

In Deinem Himmel

all die Götter und Heiligen
all die schlauen Engel
schweben in ihren blauen Himmeln
auf den Gemälden und Bildern
als Statuen und Fresken
und wissen doch nichts

in Deinem Schoß liegen
ist der Himmel
man kann in Geborgenheit fliegen
und zuhören
wie Deine Stimme durch die Lüfte steigt
durch die Wolken bricht
die Unendlichkeit in Sicht

Inga Rüders

Prinzenluft

Mein Herz ist Frühling
Hell ist die Zeit –
All mein Buntes flattert in den Himmel.

Gurgelt munter – dein Erwachen
Blaufrisch durch meine Venenglück.

Und summend trinke ich dein junges Gold.

Komm tanz mit mir auf meinem Herzen
Und atme in mich deine Prinzenluft.

Patrick Klein

Das Grab

Es roch der Frühling in den Gassen
Nach einem warmen Regenschauer,
Und der Friedhof, ganz verlassen,
Lag in seiner hohen Mauer;

Es war schon spät im Monat März,
Als ein Jüngling in der Nacht
Bestieg mit aufgewühltem Herz
Die alte Mauer mit Bedacht;

Denn ein Lied, als er vorüber
Und nach hause wollte gehen,
War traurig schön zu ihm hinüber
Gedrungen, und so blieb er stehen;

Was mag das sein? Wer mag da singen?
Oh, wie's ihm das Herz betört;
Er muß die Mauer überspringen,
Der Stimm' zu folgen, die er hört;

Des starken Jünglings flinke Glieder
Hatten bald die Stein' erklommen
Und sprangen dort zur Erde nieder,
Wo Geld und Güter nichts mehr frommen;

Er folgte durch des Friedhofs Wege
Dem Gesange, wie der süßten Pflicht;
Eine Sehnsucht ward ihm rege,
Und der Vollmond schenkte Licht;

Hinten dort, wo hoch die Eiche
Stand in ihrer ganzen Pracht,
Hatte scheinbar eine Leiche
Selbst die Gruft sich aufgemacht;

Denn lieblich aus dem off'nen Grab,
Aus einem süßen Frauenmund
Erklang das Lied und zog hinab
Den Jüngling in den tiefen Schlund;

Schon steht er vor der alten Gruft,
Schon will hinein er mutig eilen
Zu der Stimme, die ihn ruft,
Da läßt die Angst ihn noch verweilen;

„Was ist da unten in der Nacht,
Das mich lockt und mächtig will?
Ein Grauen hat's in mir entfacht",
So sann der Jüngling bang und still;

Vor Angst erstarrt ist ihm sein Lauf,
Es zittert ihm der ganze Leib;
Doch plötzlich trat zu ihm herauf
Aus der Gruft ein schönes Weib;

In dunklem Braun hing glatt ihr Haar
Und schien im Wind sich zu bewegen;
Ihr Busen, der Bedeckung bar,
Sah nackt im Mondlicht ihm entgegen;

Wie Elfenbein, so herrlich bleich
War ihre Haut, ihr Mund war rot;
Oh, sie wahrlich war zugleich
Das blüh'nde Leben und der Tod;

Sie sang so klar, sie sang so hell,
Und ihm verschlug es fast die Luft:
„Oh komm, mein schöner Jüngling schnell
In meine kühle, feuchte Gruft!"

Und er folgte ihr hinein
Ins Grab, wo's feucht und dunkel war,
Und es erschien auf dessen Stein
Sogleich sein Name, Tag und Jahr.

Werner Moskopp

Die Göttin murrt

Die Göttin murrt
Er geht zu seiner Liebsten

Wann lag die Welt zum letzten Male
So im Frühling
Wie als ich dich im Morgen auf mich warten sah
Wie heute
Wo blühten letztlich solche Bouquet-Reigen
Als wie ich mich nach deinen Blicken sehnte
Sonnengrün das Feld
Und lebensrot die Erde
Die Nacht
Der Mond, den Hof vergnügt den schranken Armen obgelegt

Die Göttin murrt, den Daumen unterm Kinn
Und zweifelnd schürzt sie ihre wunde Lippe
Verschwendung nennt sie diesen siegen Born
[Den Löwen Fraß verlacht sie gern]

Wie wollen all die satten Wesen
Meinen Mangel bloß verstehen
Verzehrt sie doch mein Feuer
Mit einem Fingerstupps

Ba-ba baby ...

Bye
Bye

Roberto Isberner

sehschwäche

wie soll das sein:
liebe auf den ersten blick
wenn man vor liebe
blind ist?

Frank Findeiß

Hormonisch

Schlüsselreize locken
Es schwirren Pheromone
Der Körper schon am bocken
Melden sich Testosterone

Jede Bewegung zeigt Signal
Von der Kriegsbemalung aufgescheucht
Begegnung infernal
Wenn aus Begierde Hunger keucht

Von Adrenalin getrieben
Auf der Suche nach der Affektion
Allein an Phantasie gerieben
Knallt die Sexplosion

Es sprühen tausend Funken
Die kurze Zündschnur brennt
Die Bombe tickt ganz liebestrunken
Und die Zeit verrennt

Wo läuft denn hier der Hase?
Zum direkten Schnellverzehr
Es herrscht der Kampf der Straße
Und das mitten im Verkehr

Im Spiel mit offnem Feuer
Die Beute durchgebraten
Der Jagdinstinkt, der lenkt das Steuer
Die Liebe wird verraten

Kathrin Raab

Der Wert meiner Liebe

Kannst Du die Bedeutung der Worte begreifen
Wenn ich Dir sage: „Ich vertraue Dir."
Kannst Du die Bedeutung des Wunsches begreifen
Wenn ich Dich bitte: „Vertraue auch mir."

Weißt Du den Wert meines Herzens zu schätzen
Wenn ich es vertrauensvoll in Deine Hände lege.
Weißt Du den Wert meiner Liebe zu schätzen
Wenn ich sie Dir jetzt für immer gebe.

?

Daniel Dölschner

Gedanken über deinen Körper

Oft wandern meine Gedanken
über deinen Körper
ohne zu wissen, wie sie
dorthin gelangt sind

Doch wäre es nicht
dein Körper
wanderten dort nicht
meine Gedanken

Jenny Hörig

Berührung

Berührung durch die Haut
Ganz tief
Das Herz klopft
Wild und laut
Ein süßer Liebesbrief
Erregung aus der Feder tropft

Schreiben lieblicher Zeilen
Tanzende Worte
Auf der Haut
Das Herz, die Seele diese teilen
Berührung verborgener Orte
So neu, doch so vertraut

6 April

Marc Dalloul

Neuer Horizont entdeckt

Sie umarmt dich weich – dem Bernstein gleich –
Und zu Tage tritt sein erhellendes Geheimnis
Durch das er glüht.
Derselbe Glanz auch auf meinem Haupte liegt.
Sanfter Nebel uns umfließt getränkt mit goldenen
Strahlen mit denen sie wortlos dein Herz besiegt.
So schickt sie dich zärtlich auf ihre eigene Weise
Auf eine lange, sinnliche und phantastische Reise,
Wodurch dein wahres Wesen ganz erblüht.

Melanie Reinartz

Liebe

Die Liebe hat mich plötzlich angerührt,
Hat all ihre Krieger in den Kampf geführt.
Die Heere branden gegen meine Feste,
Dass alles erzittert in meinem Neste.
Die Kriegsposaunen schallen in allen Gängen,
Türme fallen und zerspringen,
Der Feldherr hält mich in seinen süßen Fängen,
Dass alle Mauern sich zerrinnen.

Die Burg liegt brach in Trümmern,
Und trotzdem keine Tränen,
Darum will sich das Herz nicht kümmern.

Peter Wayand

Unnahbarkeit

Zu Zeiten als noch Ritter zogen,
Auf jenen Pfaden tugendhaft,
Die heute unser Fuß beschreitet –
Da war das Herz den Tapferen geweitet –
Sie hatten nie ein höh'res Gut gerafft,
Als jene Minne auf des Herzens Wogen.

Mir fällt ein stolzer Schatten auf's Gesicht,
Als ich hier einsam steh' auf Bergeshöh'n.
Das Aug' ich schnell gen Himmel richt',
Und seh' den Adler gleiten – wunderschön!

So wie der Adler unerreichbar droben schwebt,
So geht es mir mit Dir, Du ängstlich schöne Frau,
Und wie die Norne an dem Schicksalsfaden webt,
Wirkst Du auf mich – so herrlich kraftvoll rau!

Was ist nur an Dir, hübsche selbstbewusste Maid,
Dass Du sie alle, die Dich kennen, so bezauberst?
In Deinen klaren hellen Augen spiegelt sich das Leid,
Was hast Du nur, wenn Du so oft und unbewusst erschauerst?

Es ist nun an der Zeit, die Seelenenden zu verknüpfen!
Versuche die Unnahbarkeit, die Unerreichbarkeit zu bannen!
Und kann Dir endlich dann das Herz im Busen hüpfen,
Umfängt der Liebe Wärme ganz die dunklen Tannen.

Doch musst Du erst zu einem Freund Vertrauen fassen,
Damit Dich auch die volle Seelenschönheit strahlend macht!
Doch lern' zunächst die falsche Eitelkeit zu hassen,
Damit die elende Verführung nicht noch schallend lacht!

Letztendlich musst Du auch die körperliche Nähe spüren.
Sie ist's - Sie bricht dem Zugang zu Dir Bahn,
Dann muss der Geist die Schmiedefeuer schüren,
Die Dich erheben und erlösen von dem Wahn.

Die „Alten" fochten noch mit schweren Waffen -
Wir sollten es in uns'ren Zeiten unterlassen!
Das Wort ist scharf und spitz genug,
Und wirkt so oft als wie ein Krug,
Aus dem es Gründe sprudelt, um zu hassen,
Doch wollen wir - die „Neuen" - **Frieden** schaffen.

Alexander Simm

Liebe

Aus diesen Augen schreit der Schmetterling
in einer stummen, weltgeheimen Sprache,
die eine rätselhafte Sache
fühlte ich klar, bevor sie ging.

„Den Nutzen einer Biologie, die Eisrationalität der Evolution."

In diesen Händen schläft die zarte Scheu,
die tauzag Fäden in den Nebel spann.
Das Lächeln zeichnet sich in Porzellan
in ziselierten Schwüngen immer neu.

„Fortpflanzung simuliert Liebe, ein Gefühl für Zuneigung,
Sexuelle Selektion."

In diesen Venen flammt die Innigkeit,
in Perlen an dem blass geküssten Nacken.
Die Liebe rinnt ihr von den Backen,
in losgelösten Düften einer Einsamkeit.

„Hypothalamus – Hypophysen System, LH, FSH,
limbisches System?"

Wir sehen sie durch die diffuse Brille,
die nur verklärt, doch niemals offenbart.
Und vielleicht derart unbewusst und stille
uns dieses letzte Rätselchen bewahrt

Anne Laubner

Können wir?

Fühlst Du es noch
Das Drängen der Sehnsucht
Süchtig nach Dir
Du bist meine Droge
Niemals können wir
Entkommen dem Soge
Bis wir uns nicht
Einmal vereint
Denn wir wissen doch nicht
Ob uns Liebe verneint

Dominik Steinruck

Das erste Mal

Das Feuer der Leidenschaft ist durch ihr feuerrotes Haar entfacht.
Ich liebe sie heute, und gestern,
aber morgen ganz bestimmt nicht mehr.

Sie ist noch mal ins Bad, und ich liege auf dem Bett
Der Schein der Kerzen - Romantisch!
In meinem Bauch kribbelt der Sekt,
in meinem Kopf wogt die Lust.
Da kommt sie dann, und wir ziehen uns gegenseitig aus,
und ohne einen Gedanken an sie,
oder den Kuss den ich ihr eben gab, zu verschwenden
dringe ich in sie ein.

Und wie meine Lust aus mir herauspumpt
vergeht auch die Erinnerung an mein „Erstes Mal"

Saskia Ziegelmaier

Ad acta 1

Noch schweigst Du
am Morgen danach.
Deine verschlossenen Lippen füllen
mit innerer Stimme den Raum.
Tausend Worte gedacht,
keines gesprochen –
die Gedanken der Nacht umspülen
den Kopf, Rauschen aus Lustgrimassen.
Wärst Du noch in der Nacht gegangen,
Wir wären uns nahe geblieben.
Jetzt bist Du da, stumm und wortlos
liegen wir beide Haut an Haut,
doch Lichtjahre entfernt.

Rüdiger Britten

Wieder Einzeller

Unruhig lag ich, und auch wach,
recht froh, da unter einem Dach,
die Liebe missend, die mich hat
erfüllt, gebettet, auserkoren –
und die mich verlassen hat.

Draußen stetig fällt der Regen,
weshalb ich mich hab hingelegen.
Sauber, frisch und wohlgebettet,
hoffend, dass der Schlaf mich rettet.

Doch kaum schließ ich die Augen zu,
ich seh', oh Graus und auch im Nu,
das Gesicht der schönen Frau.
Lächelnd, warm und wohlvertraut.

So schwebt es vor mir, ihr Gesicht,
Geh weg! Hau ab! Ich will dich nicht!
Doch störrisch ist es, möcht' nicht gehn,
ich wend' mich ab, ich kann es sehn.

Mattgekämpft kommt doch der Schlaf,
weiterzählend Schaf um Schaf,
der Regen tröpfelt auf das Dach,
und mein Herz, es liegt noch wach.

Patrick Klein

Schicksal der Liebe?

Wir trafen uns vor Jahren,
Winter war's in Herz und Land
Ein verbittertes Verfahren
War des Lebens Unterpfand

Doch seht, welch Wunder gar,
Da selbst der Winter uns erwärmte,
Ward in unsern Herzen wahr,
Wo erfrierend schon die Seele härmte

Oh, wie der Liebe reicher Schwall
Ließ den zauberhaften Frühling lachen
Beider Herzen süßer Widerhall
Sollt über unser Leben wachen

Wenn verschieden auch Gemüter sind,
Kann man einander kaum vergleichen,
So vereinigt sie der Frühlingswind
Und alles muß der Liebe weichen

Die Einigkeit aus Götterhand,
Die im Winter wir empfingen,
Ward ein geheimnisvolles Band
Von Lauterkeit und andren Dingen

Schnee und Regen fallen wieder
Und was die Zeit sollt reifen lassen
Reißt sie unaufhaltsam nieder
Die Liebe will das Land verlassen

Von Angst beseelt treibt's uns alsdann,
Wenn die Liebe auch uns schindet,
Sie festzuhalten – welcher Wahn,
Bis sie endlich ganz verschwindet.

Martin Werhand

Minnedienst

Wer inbrünstig die Liebe will entfachen,
Muß zuerst seh'n, daß ein Funke überspringt.
Doch wen die Begierde dabei niederringt,
Sollte sich schleunigst aus dem Staube machen,

Denn wehe ...! Es droht ein böses Erwachen,
Wenn man sich nicht hold und tugendhaft verdingt.
Ein fauler Dienst auf den Plan die Sünde zwingt,
Fütt're niemals einen hungrigen Drachen!

Hat sich die Leidenschaft erst mal entzündet,
Nötigt sie - und ihre Pein ist ja bekannt -
Jedermann, der sich mit ihr hat verbündet.

Die Krankheit als solche wird Herztod genannt.
Dies' Sonett von jenem Schicksale kündet,
Mancher hat sich übel die Seele verbrannt.

Eva Herold

War wie Feuer

Hast mich geschürt
Und nicht bedacht,
Dass so unweigerlich
Alles zu Staub zerfällt

Martin Lemmer

Seraphische Supernova

Lass mich leuchten
wie eine Silhouette,
von innen wie ein Opal
aus dem Ozean.

Lass mich sterben
wie die Sünde,
von außen wie ein Pfeil
in des Paradieses Herz

& dann vergehen
am Ende deiner Haut
in einem Regenbogen
aus Magie & Erinnerung

... wie ein Traum
vor dem Weg
einer Sternschnuppe.

18 April

Cindy Vogel

Gezwungene Interpretation

Verbalisierte Gefühle
Lodern Dir entgegen
Verlieren mit jeder Umschreibung
Mehr ihrer Essenz
Einstige Größe
Zersplittert in Einzelepisoden
Deren Summation niemals mehr zum Ursprung führt
– Ist wirklich wortgewandt
wer in Gewänder legt
was auch ohne niemals friert
– Verstehen liegt in der Stille des Moments

Isabel Seifried

fürimmer

fürimmer sagtest du
als die NACHT kam
als der HIMMEL dunkelrot
wurde und die sonne
vor uns im MEER versank

aus LIEBE
sagtest du als der mond
den STRAND erleuchtete

hab vielen DANK
sagtest du als es morgen wurde

LEB WOHL meine liebe
sagtest du
als der tag kam

Simone Brühl

Hände

Ich weiß kaum noch
Wie es ist zu lieben
Wohl zu schützen
Das weiß ich kühlt mich
Raus aus der Mitte
Zum Außenrand hin
Hinter dessen Fassade
Ich Zuschauer bin
Aus der Ferne betrachte
Von hier aus beachte
Ich die Straßen
Figuren
Den Abdruck
Der Spuren

Es sind meine eigenen Hände
Die mir die Augen verbanden
Und es sind eben diese
In denen Karten vorhanden

Was meine Schultern nicht tragen
Tragen sie für mich ein
Damit ich niemals vergesse
Wer ich bin

Kathrin Raab

Willenlos ergeben

Schwer bewaffnet saß ich da
Mit versteinerter Miene
Volles Geschütz aufgefahren
Zu bewachen mein Herz
Zu bewachen meine Seele
Bereit zu kämpfen für meinen Frieden
Bereit zu verteidigen meinen Frieden

Schwer bewaffnet saß ich da
Mit allem was ich hatte
Um den Eindringling abzuhalten
Der mein Herz bedroht
Der meine Seele bedroht
Um zu verhindern dass jemand
Die Grenze zu mir überschreitet

Bewaffnet. Gewarnt. Kampfbereit.

Bis Du kamst. Mich kampflos besiegt hast.

Meinolf Finke

Zeiten der Liebe

Liebliche Winde, gedankenverloren,
süßliche Düfte, zum Träumen geboren,
Frühlingsgefühle machen sich breit,
dies ist der Liebe günstigste Zeit.

Blumen erblühen in farbiger Pracht,
sinnliche Träume durchstreifen die Nacht,
zarte Gefühle erfüllen ein Paar,
wo noch im Winter nur Einsamkeit war.

Menschen erblühen in sonnigem Licht,
mit funkelnden Augen in ihrem Gesicht
gewinnen sie Liebe und tiefes Vertrauen,
auf das sie voll Hoffnung die Zukunft aufbauen.

Schwalben zerteilen die lieblichen Winde,
Sommerzeit naht im Leben geschwinde,
die Liebe wird reifer, ein Traum wird erfüllt,
wo Menschen im Frühling einst Sehnsucht gestillt.

Stefan Krüger

AIDS

Im Schein der Mitternachtslaternen,
als warm die Luft den Frühling wiegte
und jeder Straßenlärm versiegte,
da wollte ich die Liebe lernen.

Ein zarter Duft von warmem Teig
zog von der nahen Bäckerei
an unser beider Bank vorbei.
Ein Rascheln kam vom Kirschbaumzweig,

als unsre Lippen sich berührten.
Es war nur eine Plastiktüte,
die zwischen grünen Ästen blühte.
Und während wir uns sanft erspürten,

da griff ein lauer Wind sie an.
Und tanzend unter den Laternen
sahn wir sie langsam sich entfernen,
auf irgend- oder nirgendwann.

Melanie Reinartz

Sehnsucht

Dämonenschreie in meiner Brust,
Flügel wollen fliegen,
Feuer verbrennt mein Licht,
Erstarrte Glieder,
Bewegungslos,
Atem,
Ein – aus,
Blitze,
Atem,
Ein – aus,
Kreischende Drachen,
Atem,
Ein – aus,
-Stille-
Sanfte Melodie,
Vergessen,
Vergessen
Die vergessene Sehnsucht.

Martin Evels

Seiten der Schüchternheit

der Appetit ungezügelt
zu stopfen das Verlangen
stoisch, das Verhalten
das herrschende

von Furcht umfangen
auf der Suche
ohne voranzukommen
in Richtung Bindung

die Haut unberührt
zum Streicheln bereit
ungeküsst, die Lippen
den Kontakt missend

auf Freundschaft beschränkt
wartend auf die Liebe
das Bemühen
am falschen Ort

Wünsche für die Zukunft
Begierde und Reize
im Hinterkopf
im Blick

Susanne Wewers

Druckraum

Verrohter Stand unterweltlich verschlungen
Lose gebunden die Beziehung zum Ich
Reiner Stoff als Grundnahrung besetzt
Seelischer Taumel – durch Stiche verletzt
Keine Gefühle – kein Sinn
Abbruchreifer Neubeginn

Das Lösungselixier zwanghaft ergattert
Robotisiert den Liebesweg gehetzt
Die Wirkungsstätte atmosphärisch bitter
Nahe dem venenerfüllten Gewitter
Ein Gefühl – ein Sinn?
Ver – drückende Liebe als
Momentgewinn

Rüdiger Britten

Herz verwirrt

Es geschah in einer Nacht,
in der mir die Emotion die Hand reichte.
Sie hauchte „lebe" und ich begann zu leben,
zu atmen für diese Nacht.
Die Kirsche blüht, die Vögel heben ihren Gesang
und die Sonne schiebt
sich vor den Tagmond.
Ein Mann erzählt mir es sei ein wunderschönes Leben,
wenn ich es finden könnte.

Spiegelungen von Mustern, Reflektionen von Mustern
sind da und erscheinen in ihrer massiven Pracht.
„Lebe" hauchte die Stimme und ich scheiterte an diesem Abend.
Ich fuhr auf, den Himmel zu berühren,
die Wolken zu verdrängen, dem Mond die Decke zu stehlen.
Klarheit durchflutete mich, jenes reizende Licht,
strahlend und stark.
Gewissheit erfolgte ... und verblaßte,
der Zweifel wuchs, die Realität.

Das Vorhandensein von Schönheit,
von Reinheit verklärt die Realität.
Die Ehrlichkeit siegt.
Trauer, Schmerz und Hoffnung stimmen den Tanz
an, der im Schwindel endet.
Der Mond steht klar am Himmel. Diffuses Licht trifft mein Haupt.
Es scheint wirsch, klar und lebendig wie ein Vogel auf seiner Suche
nach Nahrung.
Tief unten im Stein pocht ein erschöpftes Herz,
den Stein zu überwinden.
Das Leben scheint nah, man sollte noch etwas daran pochen.

Gunhild Hotz

Gefangene der Liebe

Im Netz, geknüpft aus einem seid'nen Band,
hat jäh mein Herz sich heute Nacht verfangen;
umwebt mit Lieb' in magischem Gewand
scheint's aussichtslos, die Freiheit zu erlangen,
gewiß doch, zu verlieren den Verstand.
Wie gierig saugst Du meine Blicke auf,
beschwörst die Kapitulation herauf.

Bezwingst mein Herz, Dich ewig zu begehren,
noch mit der letzten Faser meines Seins
nach Dir mich immer weiter zu verzehren,
Dir freien Blick fernab des Trugs und Scheins
in meine Seele stetig zu gewähren.
So sehr in Deinen Fängen ich mich winde –
mein Frieden ist vorbei, seit ich empfinde.

Holger Riedel

Mönchsleben

Einsam lebt sich's immer noch
Heute und in diesen Tagen.
Und ich höre mich entsagen,
Küsse dumpf wie Hämmer schlagen.
Und ich wälze Liebesschmerzen
Vor mir her in meinem Herzen.
Höre Stimmen mich betören,
Ach, ich kann sie nicht mehr hören.
Hinter dicken Klostermauern
Seh ich dicke Männer kauern,
Und das macht mich ganz befangen.
Leise brodelt das Verlangen.
Die Gebete werden länger ...
Alle Mönche sind Verdränger!
Und dass Glaube mir genüge
Scheint mir eine Lebenslüge,
Denn es bleiben nur noch Triebe.
Und das letzte Wort ist Liebe.

Julia Groth

Schäferstunden

Im Tal, da haben Blumen
Für uns ein Bett gemacht,
Damit wir uns dort lieben
In dieser Nacht.

Der Himmel ist die Decke,
Die uns behüten will,
Und alle uns're Zweifel,
Sie schweigen still.

Der Wind, er flüstert leise
Den Namen mir ins Ohr,
Welcher mir so teuer
Wie nie zuvor.

Ich lege wie im Traume
Die Hand in deinen Schoß,
Und endlich stehst du vor mir
Zart und bloß.

So sinken wir dann beide
Hinab tief in den Tau
Und tragen uns're Liebe
Ins Morgengrau.

Patrick Klein

Der Tag im Walde

Froh beschrieb' ich meine Wege
Wie ein junges Vögelein
Und das Leben floß gar rege
Mir durch Mark und Bein
Ach, wie mir die Glieder flogen
Über Wurzelwerk und Bach
Wundersam die Äste bogen
Sich zu einem grünen Dach

Summen, Rascheln überall
Ja, der Wald schien mir geschäftig
Bis des Hochgefühles Schwall
Ungemein und überheftig
Schier aus mir heraus sich drang
Erst da zuckt's mir im Gesäß
Hernach läuft's am Bein entlang
Kitzelt auch im Blutgefäß

Kribbelnd dringt mir's durch die Glieder
Treibt mich gar sehr teuflisch um
Und die Pfade auf und nieder,
Um die eigne Achs' herum
Springen will ich, schrein und fluchen
Mich des Zaubers zu erwehren
Will verzweifelt ich versuchen
Und mein Herz dem Wald verwehren

Wie, wo kam ich her, wohin denn
Führen mich die irren Pfade
Arg betört mir meinen Sinn des
Waldes Frühlingsmaskerade
Es obwaltet mir im Leibe,
Wo ein ruhiger Fluß einst war,
Wohl ein strudelndes Getreibe
Seufze schon: „Wie wunderbar!"

Schon will die Natur verschlingen,
Was seit Zeiten ihr gehört.
Will bereits mich ihr verdingen,
Weil sie doch mein Herz betört.
Wider diesen alten Bann
Weiß ich weise zu entscheiden
Suche sorgsam mich sodann
Des schweren Joches zu entkleiden

Doch's nimmt übel seinen Lauf
Ungestüm und wilder drängt
Sich's dem Herzen freudig auf,
Bis mir's alle Flucht verengt
Sei's verdammt, sofort und jetzt
Gibt's nicht Ruh, so wird' ich rot
Hab' ich dich – Oh weh! – verschätzt
Warte nur, ich schlag' dich tot!

Dies Gefühl der Wonnepein
Drang ins Herz und in die Brust,
Tief mir in den Geist hinein
Und erquickt' mich bald mit Lust
Fand' am End' mich sehr bewogen,
In des Waldes alte Leben,
Dem zuvor ich nicht gewogen,
Mich rückhaltlos hinein zu weben

Als dann überm Wald die Sonne
Langsam in ihr Blut sich sank
Atmet' tief und voller Wonne
Ich und sagte leise Dank
Für des Tages reiche Lehre.
Dem Geheimnis auf der Spur,
Das ich nun noch oft begehre,
Entdeck' ich Geist in der Natur.

Martin Lemmer

Verlorener in dir gefunden.

Ganz ich,
unter deine Räder gekommen,
von dir berauscht, endloser,
wie es scheint im Morgenrot,
unter den Wogen der Liebe,
die du schenkst, begraben &
geborgen, an der Küste deines
Himmels verschollen, &
mit Haut & Haaren dann
Vermisster sein im Aufschlag
deiner Augen.

Peter Wayand

Aurora

(in der Art einer Ode)

Milde, Milde und herrliche Weichheit,
Und trotzdem steht man ängstlich gespannt,
Sieht in die Züge, sieht in die Reinheit,
Findet sich tief in der Seele Land.

Sie wirkt so trefflich, so zärtlich und offen,
Die Aura verklärt, von Innen 'raus strahlt,
- Aurora verkündend -, das Herz tief betroffen,
Von tausend herrlichen Farben gemalt.

Doch wo ist das Feuer? - So frage ich mich;
Wo brennt die Glut der Liebe am stärksten? -
Wo ist der Wolf - das Raubtier in Ihr? -

Was sucht ein Engel in solchem Revier? -
In solchem Gemäuer, wo Böses am ärgsten
Sein Unwesen treibt? - So magisch als wunderlich!

Meinolf Finke

Eine Liebesgeschichte

Ein junger Mann mit blondem Haar,
vom Aussehen nicht sonderbar,
war im Verhalten sehr normal,
doch unterlag er einer Qual.

Der junge Mann sah eine Frau
und wußte sogleich sehr genau,
mit dieser Frau würde er glücklich,
verliebt war er so augenblicklich.

Der Mann hatte einen Termin,
beruflich zwar, doch immerhin,
bei dieser zauberhaften Fee,
ein kleines Date beim Tässchen Tee.

Gestärkt und auch noch voller Glück
kehrte der Mann von ihr zurück
und träumte nun, er würde wahr,
der Traum vom holden Liebespaar.

Doch eines Tag's fragt sich der Mann,
ob diese Frau wohl treu sein kann,
denn hoffend noch, daß er geirrt,
glaubte er nun, sie sei liiert.

Wenn zutraf, was er zweifelnd sah,
weil unverhofft es so geschah,
daß diese Frau 'nen andern küßte,
ach wenn er nur die Wahrheit wüßte.

Der junge Mann mit blondem Haar,
von nun an etwas sonderbar,
weil sehr betrübt durch dies Geschehn,
das konnte er nicht recht verstehn.

Der Mann, bemüht um ihre Gunst,
mit liebevoller Dichterkunst,
sah langsam und geknickt dann ein,
er bliebe wohl vorerst allein.

Den einen trifft das Glück zuhauf,
der Andre hofft vergeblich drauf,
warum, kann man oft nicht verstehn,
doch wird das Leben weiter gehn.

Isabel Seifried

Liebe deines Lebens

Willst die Lieb' des Lebens finden,
guter Mensch: Fang bei dir an!
Niemand wird für dich entzünden,
wenn's für dich dein Herz nicht kann.

Thorsten Libotte

Chaos

Man sagt,
dass der Flügelschlag eines Schmetterlings
einen Orkan auslösen kann.
Bei Dir hingegen langt ein Augenaufschlag.

Anne Laubner

Cello

Als ich Tschaikowsky hörte,
Musste ich an dich denken
Wie sich meine Knie
Um deine Hüften legten,
Sich meine Haare um deinen Nacken rankten
Meine Gedanken schwebten
Auf Notenzeilen,
Pflückten Ton für Ton
Wie von fragilen Blüten
Ihr seufzend, zartes Blatt und glühten
Sich im Aufwind
Unterm kühlen Flügelschlage satt
Ich schmiegte mein Herz
An deinen warmen Rücken
Du hauchtest eine Terz
Und tatest mich beglücken
Dein Hals – so nah an meinem
Ich strich
Über deine Venen
Liebkoste deinen Steg
Und sprang von ihm
In deinen stillend Quell,
Um mich nach dir zu sehnen
In unserer Umarmung
Umschlungen sich die unsren Seeln
In unserer Umarmung
Weihten wir den Sonatenkuss
Einzig aus zwei Kehlen

8 Mai

Rüdiger Britten

Herz entsichert

Welch Entzückung, gar Erquickung,
wie sprießlich neu und frisch
begegnet die vermeintliche Unschuld
der denklich erfahrenen Reife.

Von regenbogenhohem Gold,
über Täler und Flüsse getragen,
von purpurnen Samthandschuhen berührt,
auf Schwanenhälsen zerflossen
und veredelt von einem Kuss der Schönheit

ergießt sich ein Strudel der Verwirrung,
des Taumels und der Freude
über einen Liebenden
und bewirkt das oben Gelesene.

Martin Werhand

Der Kuß

Verzaubert!
Verzaubert von jenen lüsternen Lippen,
Die zu liebkosen
Ich mich kaum getraue.

Schon hör' ich beglückend unter mir
Die Brandung tosen ...
Heiß spür' ich Deine Augen,
Wie sie mich aufsaugen ...
Wenn ich in die Tiefen
Deiner Seele schaue.

Angelockt von Deiner süßen Gier,
Verharr' ich schwankend auf den feuchten Klippen.

Werner Moskopp

Der Duft der Haut
– Der Liebsten
in der Frühlingssonne

Dein Duft der Haut
Geliebte
In der Frühlingssonne

Und zieht sie weiter oder
Züchtigt sie ein wildes Wölklein
Bleibt doch dein Locken
So begehrenswert und golden

Man meint fast
Das Gestirn hätt ihre Gab von dir erliehn
Und drehte sich seitdem um dich

Unbewegt du
Mit Mehl betaut
Glitzert dein Mund
Und feuern deine Augen
Strahlend in den weichenden Wintersdunst
Zieht deine zunge Innenwelt auch mich in ihren Bann
Streicht deine taste rosenblättrig gleite Haut
Mir über Arm und Bein und in die Spielräume
Im Fingerzwischensein wo unsre Hand sich schließt

Jenny Hörig

Sehnsucht

Das Sehnen
Pocht in meinen Venen
Die Lust
In meiner Brust

Erfüllt
Von Sehnsucht
Beißen
In die liebliche Frucht

SCHMECKEN

Vincent Fröhlich

Liebste Leibspeise

immer
wenn wir uns sehen
hab ich Hunger
Kaffee küss ich dann
und Du Bier
wir machen Liebe
und lesen das Rezept:
eine Prise Luft
eine Soße Eigenartigkeit gegen Trockenheit
beinhaltend
zwei Esslöffel Gewöhnung
jeweils zwei Teelöffel Eigensinn
(zu kaufen als Starrsinn)
dazu ein Liter Herzensblut
ein Schuss Albernheit
ein Fingerhut Witz (oder mehr)
zwischendrin ein Kuss
eine halbe Tasse Sex
beruhend auf einer Liebesbouillon als Grundlage
und etwas Streit nach Geschmack

sofort heißkalt servieren
da den Tagesbedarf deckend
bitte täglich verabreichen
jedoch immer frisch zubereiten

immer
wenn wir uns sehen
hab ich Hunger
und still ihn an Dir

Julia Groth

Deine Katze

Ein Blick aus goldnen Augen, halb geschlossen
Der alles oder gar nichts sagen kann.
Die letzte Nacht mit Haut und Herz genossen
So liegt sie auf dem Bett und schaut dich an

Als wären deine Finger Milch und Seide.
Mit ihrer Nase streift sie deine Hand
Und auf dem samtig weichen schwarzen Kleide
Spielt Sonnenstaub im Luftzug. An der Wand

Das gleiche und sie würde gerne sagen
Wie schön es mit dir ist; in deinem Arm
Zu liegen und wie einfach zu ertragen
Das Leben selbst. Denn du bist weich und warm

Und trotzdem stark. Sie braucht sich nicht zu sorgen
Wenn du in ihrer Nähe bist und bleibst,
Denn dann erst fühlt sie sich so ganz geborgen.
Sie sagt es nicht. Sie glaubt, dass du es weißt.

Eva Herold

Über Mutterliebe

Du kleiner Mensch,
bist mir nicht fremd.
Es ist, als kenne ich Dich längst,
kein Kennenlernen, das mich hemmt.

Ich wußte nicht, daß Du mir fehlst,
aber plötzlich bin ich ganz.
Dein zartes warmes Lebenslicht
taucht mich in unbekannten Glanz.

Du bist nach langer Zeit
im Irgendwo
zu mir nach Haus zurückgekehrt,
ich bin so wiedersehensfroh.

Meinolf Finke

Der weiße Kakadu

Ein Vogel flog mir gestern zu,
ein echter weißer Kakadu,
er war grazil und wunderschön,
ein Wesen aus dem Reich der Feen.

Der Kakadu erzählte viel
von einem zauberhaften Spiel
und einer wundervollen Welt,
die Liebe fest zusammen hält.

Ich ging auf meinen Vogel zu,
den zahmen weißen Kakadu,
und war benommen fast vor Glück,
schon flog er in sein Reich zurück.

Ich träumte noch vom Paradies
als mich ein Engel darauf stieß,
daß dieser weiße Kakadu
fliegt nur verliebten Träumern zu.

Romantisch bin ich zwar verklärt,
doch durch das Liebesglück gestärkt,
so rufe ich den Menschen zu,
sucht nach dem weißen Kakadu.

Stefan Krüger

eine unbeholfene affäre

dicke finger tasten zaghaft kleine knöpfe
und darüber stehen köpfe
voller augen, die nicht blicken
voller münder, die nicht küssen
und vor lust nicht sprechen können
halb geöffnet luft sich gönnen
weil sie atmen müssen

beide denken nur ans ficken
bloß die bluse bleibt verschlossen
denn die finger sind zu dick
doch sie haben es genossen
das „es hätte können sein"
endlich trifft sich auch ihr blick

sie schaut glücklich auf ihn ein
und ihr lächeln macht ihm mut
„na? wie war ich?"
                    „einfach gut!"

Simone Brühl

Das Knusperkläuschen

Knusper-knusper Kläuschen
Wer knuspert an meinem Häuschen?

Es ist Klaus die Maus
Komm rein!
Geh raus!

Knusper-knusper Mäuschen
Wo bleibt denn nur mein Kläuschen?

Er steht vor einem anderen Haus
Kehrt ein ...
Geht aus ...

Knusper-knusper Kläuschen
Ist nicht mehr mein Mäuschen;
Knabbert jetzt an anderen Häuschen
Wird nie mehr mein Knuspermäuschen.

Gunhild Hotz

Frühlingswind im Mai

Genug der Worte, die gesagt,
ein letzter Blick, dann fällt die Tür,
mir öffnen sich doch, ungefragt,
einhundert and're wohl dafür!
Was soll da Nostalgie?

Was ich niemals je besessen,
ich nun für immer wohl verlor,
bald schon hab' ich Dich vergessen,
hell leuchtet mir der Astern Flor.
Warum sollt' ich weinen?

Ein schwarzes Käuzchen übertönt
des Herzens müden, dumpfen Schlag,
und keine Wolk' der Sonne höhnt,
zu trüben niemand mir vermag
des Glückes hellen Schein!

In meinen Rücken bläst der Wind,
ein lauer Frühlingswind im Mai,
den Schritt treibt er voran geschwind
an Hecken, Feld und Wald vorbei.
Nach vorn bin ich gewandt!

Als froh mein Aug' nun um sich blickt,
so wird's der Ros' am Weg gewahr,
der Stengel achtlos abgeknickt,
liegt einsam sie, verlassen da.
Es fühlt mein Herz mit ihr!

Die Rose brach, noch eh' die Zeit
die Blüte konnte still verweh'n,
ich nehm' sie mit als Weggeleit
doch ahnend bleib' ich plötzlich steh'n –
Der Wind hat sich gedreht!

Dominik Steinruck

Ein Blick ein Lächeln

Auf Flügeln schwebt mein Blick zu dir,
Du wendest deinen Kopf zu mir
und schon bin ich bereit
in deinen Augen zu versinken,

Genieße wie mein Herz wild schlägt
und merke wie dein Mund sich regt
und dann, und dann –
dein süßes Lächeln zieht mich an
und hält mich fest.

Dann lässt es los, und kurze Zeit
(mir scheint es eine Ewigkeit)
danach ergreift es mich erneut
und wieder bin ich ganz und gar gefangen.

Allein,
alleine denk ich jeden Augenblick
nur noch an den Moment zurück
als du mit deinem Lächeln, deinem Blick
mich wunderbar verzaubert hast
und träume;
und träume glücklich, träume still,
weil ich dein Lächeln nie vergessen will.

Daniela Panteleit

un-beschreiblich

den schönsten anlass auf dieser welt
den bleistift an einem ende
anzuspitzen
und am anderen ende
anzukauen
lieferst DU mir
einen tag ohne ein wort über dich
gibt es nicht
du füllst meine seiten mit silben
die beim zusammensetzen
mir das warme
licht der schreibtischlampe
in eine sonnenflut erhöhen
wenn ich reime gibst du mir die keimlinge
die ich mit tropfen meines herzblutes
zum wachsen bringe
mit himmlischer hand setzt du die
kommas
in mein glück
jeder punkt ein kuss
und am ende eines jeden augenblicks
steht nur ein semikolon
damit ich weiß
dass morgen
ein neues gedicht ist

Roberto Isberner

übers setzen

wimpernaufschlagend
setzt dein lächeln
sich mir übers herz.

herzüberschlagend
lächelt dein mund
sich mir entgegen.

entgegensetzend
mündet dein herz
in meinem lächeln.

schlag auf schlag.

Christiane Weiner

Noch fühlen können

Aufeinander treffend
sofort wie Zahnräder
perfekt ineinander greifend

als wäre es nie anders gewesen
und könnte nie anders sein

einander bittend
die Zeit anzuhalten
wissend es sei vergebens

der Morgen kam
und dann der nächste und nächste

einander zurücklassend
später begreifend
was man mitnahm

Christoph Sommer

Außer daß die Zeit verrinnt

Ich habe begonnen
Zu warten
Doch nichts passiert

Wenn ich sage
Ich vermisse dich nicht
Lüge ich

Doch vermisse ich dich
Belüge ich mich

Alexander Simm

Zwei Lieben

Zwei wirre Netze winden ihre ariadne Schiene
dionyswogenteilend. Tod dem amourösen Pan.
Die kirschgetauchte Lippe platzt im Strom der Endorphine.
Hinein. Ein Rosenblatt im weißen Sirupozean.

25 Mai

Melanie Krinke

Bedenkliche Gedanken

Laufend laufe ich,
bis ich Dich sähen sehe
und innen innehalte,
um überlegen zu überlegen,
wie die Stimmen mich stimmen,
bevor ich mich verlegen zu Dir lege
und resignierend registriere,
dass meine Vorstellung sich vorstellt,
sie könne Dein bezauberndes Herz verzaubern.
Doch ob der unmöglichen Möglichkeit,
dass Du bitte mein Bitten erhörst,
friste ich mein befristetes Dasein
und sitze rum ohne zu besitzen,
was Dir scheinbar bescheinigen könnte,
dass ich durch alles Passierte das
einzig Passende bin.

Frank Findeiß

Sein und Schein

Blicke ins Herz
Vertreiben Dekolletés
Wenn die Seele berührt
Ist der Körper nur Beiwerk
Gedanken gelesen
Worte verlieren
Wissen weckt Sehnsucht
Die Tat untermauert
Ideen blühen
Realität verwelkt
Mental orgiastisch
Nerven gespannt
Im Wesen geläutert
Gestik irrt
Charakter im Aufwind
Mimik versagt
Geistig trunken
Physiologisch gelähmt
Sinne vereinigt
Beim Akt fällt der Vorhang

Susanne Wewers

Kost-Bar

Aufgereiht in edlem Aufzug
body-painted, overdressed
stilgerecht zarte Versuchung
wähnen sie sich – als Lover
befreit

Weiblichkeiten treten näher
optische Reize blitzen sie an
stählerne Körper, blindlings betastet
immens die Auswahl, köstlich die
Qual

Unentwegt die Kost versuchen
wild entschlossen, einer muss es sein
willenlos die Bar geleert
nie am Ziel – nur die Schönheit
genährt

Daniel Dölschner

Die lange Kunstnacht (Augsburg 2003)

Mein Frankfurter Körper
mit dem manchmal so
fremden Kopf darauf
gestrandet am Ufer der Nacht;
Koordinaten: Irgendwo
wo irgendjemand irgendjemandem
irgend etwas erzählt –
wir ziehen den Rückzug vor

Vom Rathausplatz
zwei Flaschen vom Bier befreiend
der Blick auf St. Peter am Perlach;
während der Sekunden eines
übereinstimmenden Schweigens
höre ich wieder
den Tod und das Mädchen
habe ich wieder das Schneegestöber
in das uns eine Videoinstallation
zu Beginn des Abends verwandelte
vor Augen – vor den Augen
meines Frankfurter Körpers
mit dem manchmal so
heimatlichen Herz darin

Thorsten Libotte

Was ich nicht brauche

Ich brauche kein Computerspiel,
mit dem ich meinen Kopf entleere.
Du bist es, die ich begehre.

Ich brauche kein Auto,
mit dem ich endlos fahren kann.
Du gibst mir Energie, ein Leben lang.

Ich brauche kein Handy,
mit dem ich immer erreichbar bin.
Du gibst meinem Leben einen Sinn.

Julia Groth

Neurosenkavalier

Er kam zu ihr an einem Sonntagmittag,
In einer Wolke von Parfüm versteckt.
Sie hatte Torte da und obendrein noch
Den Tisch mit feinstem Porzellan gedeckt.

Die Rosen, die er brachte, waren prächtig,
Und seine Worte wohlgesetzt und schlau,
Und dass er durch und durch ein Kavalier war,
Das merkte Fräulein Hagemann genau.

Sie schenkte Kaffee ein und warf bedeutsam
Die schönsten ihrer Blicke zu ihm hin,
Denn solch ein Mann als zärtlicher Verehrer
War ohne Zweifel immer ein Gewinn.

So gegen Nachmittag, nach Trunk und Speise,
Da rückte er dezent an sie heran
Und griff nach ihrer Hand mit großer Vorsicht
Und Diskretion. Verflixt, was für ein Mann!

Er beugte sich zu ihr und sagte leise:
„Gnä' Fräulein, darf ich's wagen, einmal nur?"
Dann küsste er sie auf die roten Lippen,
Und sie, sie küsste ihn sofort retour.

Der Nachmittag verging darauf recht heiter
Und unser Fräulein dachte sich vergnügt:
Wenn das nicht Liebe ist, dann weiß ich auch nicht.
Doch sie vergaß dabei: Der Schein, er trügt!

Am Abend folgte schließlich das Erwachen.
Der Gentleman, der sah ihr ins Gesicht
Und sagte freundlich und mit einem Lächeln:
„Ja wissen'S, binden will ich mich noch nicht."

Dann war er fort. Das Fräulein war erst sprachlos
Und warf danach das Porzellan entzwei.
Denn solch ein Mann als Eintags-Kavalier war,
Um's grob zu sagen, eine Schweinerei.

Patrick Klein

Das Haus im Wald

Jüngst auf seiner Wanderschaft
Zu der ersten Frühlingsstunde
Sang der Wald mit ganzer Kraft
Aus des munt'ren Dichters Munde.

Das Zauberspiel der Maiensonne
Trieb wie von selbst die Dichtung an,
Es ergossen sich zur Wonne
Die Gefühle diesem Mann.

Im geheimen Sog der Pfade
Flog sein Schritt beschwingt dahin,
Wie auch Silb' um Silbe grade
Flochte ihm sich zum Gewinn.

Sein Lied erfreute selbst die Steine
Und gab seinen Tritten halt,
Die dann tiefer seine Beine
Trugen in den dunklen Wald

Froh beseelt hieß ihn der Drang
Sich schnell und schneller fortbewegen,
Einen jungen Bach entlang
Und dessen holder Quell' entgegen

Hier stand inmitten dieser Stille
Ein Haus aus feuerrotem Steine
Und in einer Blumenfülle
Ein Mädchen, schön wie keine

Wohl geschwungen war ihr Mund
Und grün die Augen, wie der Wald,
Und ein Blumenkränzchen bunt
Verlieh den blonden Haaren Halt.

So stand im grünen Kleide sie,
Die letzte Jungfrau ihrer Art,
Und sprach wie eine Melodie:
„Ich bin die blonde Hildegard".

Des Dichters Stimm' hob an erneut,
So wie zuvor er nie gesungen;
Dem Mädchen war bei aller Freud'
Die Scham rot ins Gesicht gedrungen.

Sie sah'n in diesem Augenblick
Einander in die Augen lange;
So fügte sich ihr junges Glück
Und das Mädchen fragte bange:

„Die Nächte sind mir lang und kalt
In meinem feuerroten Heim,
So bleib' heut nacht in meinem Wald;
An dieser Quelle insgeheim

Wart' ich bereits ein Leben lang.
Das Haus und meine warme Liebe
Nehmen heut Dich in Empfang,
Falls Dein Herz für immer bliebe."

Da rief beglückt der junge Dichter:
„Für immer ganz, das schwör' ich hier –
Der dunkle Wald sonst sei mein Richter –
Will ich wahrlich sein bei Dir!"

Oh, wie des Glückes gold'ner Regen
Sogleich auf sie hernieder ging,
Wie jeder Kuß, so wie ein Segen,
Sich in des andren Herzen fing!

So wuchs von Stund' zu Stunde mehr
Das zarte Pflänzchen ihrer Liebe.
Ach, sie liebten sich so sehr,
Als ob für sie kein Morgen bliebe.

Es flossen ungesäumt und schnelle
Wie ein einz'ger Augenblick
Ins Land der zauberhaften Quelle
Die Tage wie ein Traum vom Glück

Doch ach, zur Sommersonnenwende
Ging das Geschick den üblen Pfad:
Es fügte, daß die Liebe ende,
Indem der Heimweh schlimme Saat

Zur schwarzen Blüte ihm gedieh.
Er beschloß alsbald die Reise
Und heimlich zu verlassen sie,
Die ahnend in der Frauen Weise

Derselbe Traum des Nachts geplagt:
Sie weint und weint die Äuglein rot,
Auf ihn im Walde unverzagt
Wartet nur der bitt're Tod.

Werner Moskopp

Liebe

Liebe
Farbe des Seins
Wie oft stand ich
Weinend vor Vergehen und Nichts
Doch bisweilen funkelt
Ein tastendes Fassen der All-Morgen-Sonne
Es langt mithin ein fremdes Lächeln
Die Welt auf die Idee sich rückzubeugen
Und diesem Abgrund zu entführn in
Farbe des Seins
Liebe
Liebe
Leben in Kraft
So oft stand ich
Triefend vor Verdammnis und schwarz
Doch duftet mitunter
Garbfreie Haut zum strömenden Laufe des Bar-Nacht-Samtes
Da reicht bisweilen ein sanftes Gespür
Den Leib der Idee sich zu zubewegen
Und dem Loch zu entbehren ein
Leben in Kraft
Liebe
Liebe
Rauschen des Licht
Niemals stand ich
Endend vor Blüte und Joch
Doch bisweilen klingt
Aus dem Stäubchen im Sonnenwind
Ein beuger Herzenston
Das Sein in das Sein zu entführn
Und das Nichts zu verliern in
Rauschen des Licht
Liebe

Martin Evels

Fenster bei Nacht

Schattenriss
Kontur im Glas
Fensterglas bei Nacht
in Erosses Macht
bei blickloser Wacht
unbedacht

Focus des Blickes
wärst du
hinter der Scheibe
nahe dem Glas
käme mein Schatten
in deinen ...

Daniel Dölschner

Frisch verliebt

kennen die Gedanken
nur eine Richtung
schlägt das Herz
Purzelbäume
reißt der Mund sich
Beine aus

Frisch verliebt
überdauern Blicke
Augenblicke
hinterlässt ein Ausdruck
wieder Eindruck
geht jede Berührung
unter die Haut

Frisch verliebt
verdreht der Körper
dem Herz den Kopf
kommt nur zum Ausdruck
was beeindruckt
drücken beide Augen
ein Auge zu

Frisch verliebt
macht ein Schweigen
Nächte schlaflos
weckt ein Zögern
schweren Zweifel
hat die Liebe
leichtes Spiel

Cindy Vogel

Glück auf Rezept

Schweben, Fliegen
Der Neurotransmitterspiegel steigt
Serotonin auf dem Höchststand
Ich tauche ein in meine schöne neue Welt
Soma!
Stunden werden zu Sekunden
Und plötzlich ...
Wieder endet ein Tag
Schweben, Fallen
Ich bin wieder Ich
Doch wer sieht mich da im Spiegel an?
Wirst Du mich auch morgen wieder auffangen?

Holger Riedel

Zweiter Frühling

Schmetterlinge flatterten, als ich dich sah,
Und erstarrten dann wider mein Erwarten,
Als ich unversehens spürte,
Wie mich Zweifel kalt berührte,
Gleich einem Schauer prasselnden Regens,
Bitter und kühl. Vergebens warte ich
Seither auf irgendein zartes Gefühl.

Schmetterlinge, kaum konntet ihr fliegen,
Wart ihr mir flatternd zu Kopfe gestiegen.
Mein Bauch ist kalt und leer geblieben.

Bis ich dich schließlich wiedersah,
Gänzlich verdattert und was soll ich sagen.
Schmetterlinge, da seid ihr ja und flattert,
So, wie in früheren Tagen.

Martin Lemmer

Grenzländer.

Einen Farbenreigen
auf deinen Körper malen.

Ein Zwillingsherz
auf ein Herz tätowieren.

Einen Schmetterling
unserer Liebe entsteigen lassen

in Myriaden von Licht
& Luft, in Sternen von Hand &

Haut, zwischen Wahn
& Wahnsinn, zwischen dir & mir,

& dazwischen wir.

Martin Werhand

Wie buchstabiert man ... L i e b e ?

Es kursiert das bizarre Gerücht,
Liebe sei keine Frage des Herzens,
Sondern
Eine Frage der Technik,
Bzw.
Eine Frage des Geldes.
Merkwürdig ...
Ich dachte immer
... Nicht die *Stellung* entscheidet,
Sondern die EINSTELLUNG.
Ganz schön naiv!

Roberto Isberner

mind. haltbar bis ...

ich kann dich
tragen
über alles was träge
dich hindert hinter
der ruhe ruhig zu finden:
uns.
ich kann dich
ertragen
bei deiner suche
süchtig nach dir
und sehnsüchtig
nach einem weg weg:
zu uns.

ich kann dich
halten
(aber) nicht so verhalten
dass es uns
von fall zu fall
aufhält – oder gar auffällt.
(aber) schon so gefällig
dass es hält
mit uns – ganz zufällig.
so kann ich dem
einhalt ge-
und dir
ein halt bieten

damit alles bei
leibe bleibt
auch bei
dir und mir und
du bei mir.

Meinolf Finke

Menschen im Frühling

Ein süßer Duft in lauer Nacht
beglückt die feinen Sinne,
am Himmel glänzt die Sternenpracht,
zwei Menschen halten inne.

Das Pärchen schlendert Hand in Hand
durch frühlingshafte Pfade
und knüpft ein zartes Liebesband
am rauschenden Gestade.

Das Pärchen staunt ob der Natur,
des Weltalls schierer Weiten,
es faßt sein Glück und möchte nur
die Zukunft gut bestreiten.

Das Pärchen steht am Küstensaum
und schaut hinaus auf's Meere,
die Liebe ist Wahrheit und Traum,
sie führt niemals ins Leere.

Wie schön ist doch die Frühlingszeit,
sie bringt uns neues Leben,
die Liebe macht die Herzen weit
auf allen unsern Wegen.

Das Pärchen ist in lauer Nacht
vom Liebesglück durchdrungen,
es steht in schönster Frühlingspracht
am Strande eng umschlungen.

Der Frühling ist die holde Zeit,
die uns die Zukunft ebnet,
und sind die Wege noch so weit,
der Frühling sei gesegnet.

Jenny Hörig

Frei lieben

Dein Gesicht
Im flimmernden Licht
Will nicht wissen wer du bist
Will nur deine Küsse schmecken
Ohne Reu, ohne List
Fliegen,
Schweben, beben
Dich mit Küssen zart bedecken
Neben dir liegen
Meine auf deine Lippen
Pochende Herzen
Unter den Rippen
Flammende Kerzen
Mitten in der Nacht
Heiß entfacht
Körper beben
Seelen schweben

Dominik Steinruck

Dich kennen lernen

Dich kennen lernen,
dich erkennen,
dich anzusehen
dich bei Kosenamen nennen
dir zuzuhören, dir zu lauschen,
dir Treue schwören.
Dich anzulächeln, anzustrahlen,
dich vorzustellen,
Träume malen,
Schritt für Schritt dich weiter zu entdecken,
Gefühl für dich in Blicken zu verstecken,
dich necken,
fest im Arm zu halten, drücken,
dich mit Worten zu beglücken,
sanft in deine Augen schauen,
mit dir eine Zukunft bauen,
dich streicheln, spüren, fühlen, küssen,
dich berühren.
In Leidenschaften brennen müssen ...

Susanne Wewers

Verliebt

Rauschverloren aus aller Welt gefallen
Kreisel routieren schier endlos in Bahnen
Kopfüber, Hemisphären schwer deplatziert
Axonaler Impuls wahllos potenziert

Kontrollverlust auf höchstem Niveau
Verrätselt zeigte sich das Motiv
Bis
Roh vandalistisch der Intellekt
Gnadenlos Diagnose: Herz
Aufdeckt

Christoph Sommer

Seligpreisungen

Gepriesen die Liebenden
Deren Liebe nicht einschläft

Gepriesen die Liebenden
Deren Verstand nicht denkt

Gepriesen die Liebenden
Denn sie fühlen nicht den Schmerz

Gepriesen die Liebenden
Denn sie zerfressen sich nicht
Aus Angst des Verlustes

Gepriesen die Liebenden
Denn sie bringen das Leid über sich

Melanie Krinke

Okay

Diesseits der Unendlichkeit,
streng verklärt schon ziemlich weit -
sehe ich klarer als zuvor,
und leihe mir mein taubes Ohr.
Höre aber nicht den Unterschied,
lausche nur dem seichten Lied -
das mir die Lösung säuselt,
dabei zart die Worte kräuselt.
Plötzlich spüre ich die Freiheit drängen,
und Dich noch immer an mir hängen.

Rüdiger Britten

Herz

Ein Herz, das weiß, dass es gebrochen wird, sollte sich auf den Boden fallen lassen, um zu zerspringen und hoffen, dass es wieder zusammenwächst und stark ist, bevor es tatsächlich gebrochen wird.

Alexander Simm

Unsagbar

Zu viele Worte malten schon die junge Liebe,
wie sie in frischen Rosenblüten sanft erbebt,
wie sie das Frühlingsherz dem Leben zu erhebt.
Oh, wenn auch ich dies könnt, ich schriebe.

Zu viele Tränen galten schon dem Ende,
wie es in trüben Tönen trauriger nicht geht,
wie es in herbstverfärbten Winden rasch verweht.
Oh, wenn ich könnt, ich nähm's in meine Hände.

Die höchste Achtung spricht aus meiner Stille,
da ich mein Leben so sehr, an das deine binde,
dass ich unmöglich würdevolle Worte finde
und meine Liebe daher tief ins Schweigen hülle.

Inga Rüders

Türkis-Undine

Leg deine Wasser
Über mein Haupt.

Spül dein Brausen
Auf meinen Strand.

Perl in die Muschel
Auf meinem Grund.

Ich schwimm dir
Mit rauschender Flut entgegen,

Ich fisch dir
Den Goldtang aus den Kiemen;

Und spiel dir im tanzenden Wellensand
Die kühle Türkis-Undine

Martin Werhand

Teilzeit-Liebe

Gefühlsgeplänkel ...

Alles eitler Sonnenschein.
Zum Himmel stinkt – ach ... ein fauler Kompromiß.
Geschwind den Rahm abschöpfen –
... Rechenexempel!

Man nimmt was man kriegen kann!
Die Mußestunden im Geiste schon gezählt.
Reflexe von Bitterkeit
... Gewissensbisse?!

Ein Schatten fällt auf ihr Herz,
Doch Angst war immer ein schlechter Berater!
Enttäuschung schmeckt wie Rattengift.
... Verbindlichkeiten???

Nein-nein-nein! Und nochmals NEIN!
Der *Einsatz der Seele* wiegt einfach zu schwer,
So bleibt am Ende nur
Das Teilzeitlover-Los ...
Nichts and'res mehr!!!

Daniela Panteleit

sonett für einen kleinen engel

ein cupido einst hockt auf meines fensters bank
und meint zu sein der bote meines kleinen glücks
er reicht mir einen becher, fordert meinen dank
ich trau dem frieden nicht und weis' den trank zurück

da wird der kleine zornig, er strampelt und schreit
er meint es doch nur gut mit mir, kräht er herum
er preist den trank, hält ihn empor, die augen weit
er klagt mich an, ich weiß wohl, es reimt sich nur „dumm"

ich nehme einen schluck, gar bitter ist das nass
es schüttelt mich und rüttelt mich, ihr glaubt es kaum
der göttertrunk, das ist gewiss, macht keinen spaß
mit fahlem teint sink ich herab in einen traum

der (b)engel macht sich aus dem staub und mir verbleibt
nichts weiter als ein liebesweh, das an mir kleibt

Thomas Bruns

Der Weg

geh den Weg voll golden Schimmer
nicht den Weg wo Trübsinn liegt
geh den Weg der Liebe immer
nicht einfach den wo's dich nur gibt
der Weg der Liebe ist oft schwer
doch alles ist er, niemals leer
es gibt des Lebens Wege viel
doch der, der Liebe, ist das Ziel

Sommernachts-Phantasien

Alexander Simm

ewigeliebe

ein zittern rinnt durch deinen wimperntrichter
und gleitet in die geile schattenwelt, wie warm
wächst fruchtbar glatt ein feister schwarm gesichter,
aus dem flagellen faden wird dein bleicher arm,

der sich gebeugt zur wild geschlüpften vielfalt neigt,
und seine schmetterlinggefleckte beute,
den blinden mond im wahn weit übersteigend, zeigt,
in dessen schein paart geifernd sich die meute

und knüpft das polygene band, das rohe,
das rosa fleischgeflecht, das leben und gebären,
und heult, dass zarte küsse und das hohe
sich-lieben nichts als funktionale zwecke wären,

zur alleinheit und um die steten lebenskreise,
um werden und vergehen, neu zu schöpfen.
komm, oh Mensch, warum trittst du nicht ein? und stehst abseits?
wer weiß, was alles lebt in deinen köpfen?

Inga Rüders

Ein Stern steht offen

Ein Stern steht offen am Abend
Zeltet vor meiner funkelnden Stirn.

Versprengte Mondluft-Träume
Reiten schimmernd durch die Nacht.

Gähnend wandern die Kinder der Welten
Im glitzernden Gewand.

Heilige Stille den Entsandten
Zum Gang mit Mandelblick.

Reich mir die silbernen Lilien
Im Spiegel meines Seelengesichts.

Denn ein Stern steht offen am Abend –

Und in dunkelgoldener Tür
Weht mir dein Name entgegen.

Holger Riedel

Träumer

Wenn nachtschwarze Schatten
Mondumflutete Körper umschmeicheln,
Wenn Wassertropfen bläulich schimmernd
Über asphaltnasse Steine streicheln,
Sich alles einfängt in ein Netz aus Wohlbehagen,
Sein Lächeln auf das Gegenüber
Ein seltsam zartes Erröten zaubert,
Um liebevoll „Ich mag dich" zu sagen,
Wenn Blicke kreuzend
Über die nächtlichen Tresen wandern,
Kommt eins zum andern
Und Träume verschwimmen im Dunstkreis der Nacht.
Leise und sacht tauche ich ein
In sein Lächeln, dass nur für mich allein
Heut Abend lacht.

Christiane Weiner

Wolken

Weiße Tupfen,
sanft aufgetragen.
Mit großem Pinsel
auf blaue Leinwand gemalt.
Vage Formen.
Für dich einem einsamen Elefanten gleich,
einer blassen Blume,
einem dreiköpfigen Drachen.
Weiße Tupfen auf Blau ...
Nur phantasielose Menschen
sehen Wolken.

Meinolf Finke

Eine beglückende Begegnung

Ein Mädchen, schön wie Rosenflor,
die Haut so zart wie Seide,
trat aus dem Dunst des Sees hervor
in reizendem Geschmeide.

Ich stand am See und ging zu ihr,
dem feenhaften Wesen,
halb Troll, halb Traum, halb Fabeltier
schien es mir dort gewesen.

Doch dieses Mädchen strahlt mich an
aus Äuglein sanft wie Blüten,
ich küßte ihre Lippen dann,
so daß wir fast verglühten.

Ein Hauch von ihrem Atem war
für mich höchstes Entzücken,
sie wußte mit Umarmung gar
mich vollstens zu beglücken.

Ein Wort von ihr, wie Glockenklang,
voll Anmut die Bewegung,
so war ich voller Überschwang
in glücklichster Erregung.

Im Dunst verschwand bald meine Fee,
ich wollte sie begleiten,
doch stand noch lang' am schönen See,
romantisch war'n die Zeiten.

Werner Moskopp

Auszug aus dem Sonettenkranz

„Das - **Ich denke an Dich** - muß alle meine Vorstellungen begleiten ..."

Wie schien mir ihre letzte Nähe wundersam erhebend,
Daß mich ihr geistig Bild die ganze Nacht nicht schlafen ließ.
Was braucht ich Ruh? Ist nicht dies Wachen ungleich mehr belebend,
Da mir ihr Schein nur Glück und Labsale verhieß?

Am Fenster saß ich so die eine um die andre Stunde
Und wähnte sie dort draußen in der dunklen Tagesferne ...
Welch Sehnsucht spürte ich nach einem Hauch von ihrem Munde
Und suchte ihn umsonst im Blaß der Göttlichkeit der Sterne.

Ach, ahnt ich nicht, wie wenig Wert mir von ihr zugestanden,
Es wär mein Leben, leer und leicht und sehr verliebt zu sein -
Wie weiter, da solch Unbill von dem strahlen Hell vorhanden?

Ach, ahnt ich nicht, wie recht mir meine Träume nunmehr schwanden.
An einem Band erstreckt sich Liebesjauchz und Freudenschein,
An einem Stück sich reihen Freudenflor und Schmerzenspein.

Julia Groth

Du im Schlaf

Manchmal möcht' ich bei Dir wachen
Wenn Du schon in Schlaf gesunken
Möchte Deinem leisen Atem
Lauschen, wenn Du traumestrunken
Fern von mir im Dunkel weilst.

Deine langen, langen Wimpern
Decken zu der Seele Fenster
Und verstecken auf ein Neues
Deine stillen Angstgespenster
Die Du niemals mit mir teilst.

Manchmal sehe ich Dich lächeln
Hör' Dich fremde Worte flüstern
Und ich streichle Dich und hoffe
Dass Du dort in Deinem Düstern
Deine vielen Wunden heilst.

Martin Lemmer

Feuer-Liebe.

In mir

Lichter dieser Nacht – Mitten in der Stille meiner Seele
Bin ich aufgewacht – Von deiner unsichtbaren Hand
Ward geküsst – Als Schatten meines Herzens Flügels
Bunt gewandelt – Durch die Flamme deiner Hingabe
Wurde Stern – In deiner Hand meine Hoffnung erkannt
Fiel als Nacht – Kataklysmische Veränderliche dann
Materie Liebe – Mit abgelegtem Kostüm, noch immer
Clown & Kind – Sehnsucht ein Schatten an der Wand
Fließe ich – Durch diese Welten und Entfernungen
Werde – In dich, in dir, immer wach und immer hier
Mensch – Nach der Vereinigung meiner Falterträume
Axiom der Engel – Schwere Zeile in der Dunkelheit
Hoffnungen – Abstrahiert, Liebeskelche zwischen uns
Aus der Ferne – Im Kreise der Tage liebe ich mich

zu dir.

Eva Herold

Sonnen

Wir werden strahlen in Türmen,
aus Licht in weißer Pracht.
Das dunkle Gewand wird fallen
und enthüllen,
was es einst verborgen hat.
Wie Sonnen sich drehen in Liebe und Macht,
so ziehen wir an der Welt vorüber.

Patrick Klein

Sonette für Angelika zum Geburtstag

Es ist der Tag, der Dich der Welt geschenkt,
es ist der Tag, seit dem Du Deine Reise
auf Deine Art in ganz geheimer Weise
hast wie ein Schicksal über mich gelenkt.

Es ist der Tag, an dem ich an Dich denk
und auch daran, wie viel Du mir gegeben
und ja, wie schön es ist, mit Dir zu leben.
Drum geb ich diese Vers' Dir zum Geschenk:

Ich liebe Deinen Mund, so schön geschwungen,
und Deine Augen sind sehr gut gelungen,
es sind die schönsten, die ich jemals sah.

Ich liebe auch Dein tief und leis Gemüt
und wenn auf Deinen Wangen Freude glüht,
kurzum: ich liebe Dich Angelika.

1 Juli

Dominik Steinruck

Ein Rezept der Liebe

Nimm einen Topf und wirf hinein
Ein großes Stück an Träumerein!
Und, vielleicht klingt's wunderlich,
Noch viel mehr „Ich-denk-an-dich".
Nun nimm laue Frühlingsluft,
Eine Prise Rosenduft,
Schmetterlinge aus dem Bauch,
Und ein Lächeln brauchst du auch.
Die letzte Zutat ist ein Kuss,
Wonach man kräftig rühren muss.
Das duftet dann schon wunderbar,
Im heißen Herzen kocht es gar.

So kochst du dir mein Leibgericht,
Und das heißt „Ich liebe dich!"

2 Juli

Daniela Panteleit

2

hier liegen wir
ein mensch mit 2 köpfen
keine grenze kennt uns mehr
ineinandergewunden
ganz still die ruhe der 2 lungen
atmen
ein fabeltier
das sich gegen morgengrauen
entlarvt
in 2 menschen
die an märchen glauben

Jenny Hörig

Traumzeit

Ein Regentropfen tickt
Der Sekundenzeiger fällt
Die Zeit steht still

Die Sonne rieselt
Der Sand scheint
Die Nacht bricht ein

Verfangen im Verlangen
Mit des Herzens Beben
Traum und Leben
Sich verweben

Gunhild Hotz

Die Verwandlung

Des Waldes unendliche Einsamkeit
legt lautlos sich über die dunkle Nacht,
ein friedvoll-sanfter Hauch von Ewigkeit
umweht das letzte Einhorn still und sacht.
Es kennt Bedauern nicht noch Lieb noch Leid.

Doch bald schon bricht es auf um sich zu stellen
dem mächt'gen Stier, der seine Art entführt,
zu retten sie aus der Gefahr der Wellen,
wird's Mensch, der nunmehr Lieb' in sich verspürt.
Doch ohn' von dieser Regung zu erzählen

entflieht's und kehrt in Tiergestalt zurück –
entrückt der Ewigkeit nun Stück um Stück.
Es spiegelt sich in silberweißen Tränen
sein einst gefühltes, längst vergang'nes Glück,
das gläsern' Augen sich zurück ersehnen.

Fernab dem steten Wechsel der Gezeiten
und fern durch Ewigkeit verheiß'ner Weiten
umtrotzt des Einhorns Mähne still den Wind,
läßt vom blutend' Herzen es sich leiten,
wohl wissend, was Liebe und Sterblichkeit sind.

Thorsten Libotte

Schmerzende Schönheit

Ich schlage die Hände vors Gesicht.
Nehme mir selbst das Augenlicht.
Ich darf nicht schauen, darf nicht sehen.
Ich würde sterben, würde vergehen.

Ich drücke die Hände ganz fest.
Lasse die Finger zusammengepresst.
Ich darf nicht blinzeln, darf nicht sehen.
Ich würde ohnmächtig, würde vergehen.

Ich rutsche mit den Händen herunter.
Licht macht meine Augen munter.
Ich schreie vor Schmerz, ich muss dich sehen.
Ich werde wahnsinnig, ich werde vergehen.

Ich bin ein Wrack, wert dich zu sehen.
Und du noch immer – schmerzhaft schön.

Isabel Seifried

Liebeswirren

Wenn das Leben einfach wär
Und jeder Tag vollkommen,
Die Sonne herrlich überm Meer
In goldner Anmut stünde,

Wenn alles einzigartig wär
Und jedes Glück vollkommen,
Gefiele uns das Leben sehr,
Die Lust wär keine Sünde.

Wenn jeder Tag so heiter wär
So herrlich und vollkommen,
Dann käm es nicht von ungefähr,
Wir liefen Träumen hinterher,

Die jeder träumen könnte.
Wir lachten gleichfalls hinterher,
Wenn alles nur ein Trugschluss wär
Und alles unvollkommen.

Marc Dalloul

Weinendes Herz

In dem Moment, so sagte ich dir bestimmt,
Wo deine Hand die eines anderen nimmt,
Da gibt es mich nicht mehr.
Du tatest dieses mir sehr bald.
Als ich noch deine Wärme spürte,
War dein Gefühl schon kalt
Und schautest nach dir Neuem.
Du tatest dieses mir – der dich geliebt,
Keine andere als dich für die Auserwählte hielt.
Doch ist es nun geschehen –
Ich muß es sehen, die Realität ist überlegen dem Traume
Der stets anderes mir auszusprechen anvertraute.
Ich sagte dir – und es schmerzt mich sehr,
Nun nach diesen Worten –
Es gibt mich nicht mehr.

Melanie Krinke

Kentern

Kursänderung
ist mit wechselböigem Umschwung
verknüpft.
Will an dem Riff vorbei,
bevor ich fortgerissen werde
und die Raubflossen mein Herz schlucken.
Tappe blauäugig von Dir zu Dir
und fühle den Augenaufschlag,
der mich kentern lässt.
Entscheidungsfreie Flugfedern –
gepaart mit selbstschützender
Maulwurfkraft – treiben mich weg.
Mein angeschlagenes
Tigerschnurren wird Deinen
sich kreiselnden Sturm
nicht überstehen.
Goodbye,
ungeträumter Traum.
Ich bin mir zu schade zum Kentern.

Roberto Isberner

kurz vor elbe 7

spiegeln kann sich
dein gesicht
im fluss
auf dem die schiffe
voll beladen
„westwärts jagen"

sonnenuntergangsromantisch
werde ich dich fragen
befangen
wann die reise
beginnt und
welchen kurs wir
einschlagen

doch da bist du
schon untergegangen

Stefan Krüger

Und dennoch ...

Du suchst das Feuer, um dich zu verbrennen,
das ist die Kraft, die dich seit jeher trieb.
Mir mußt du deine Sorgen nicht erst nennen.
Und weinend wirst du wieder zu mir rennen.
Und dennoch habe ich dich lieb.

Warum ich dich nur immer trösten muß!
Ich diene schlecht als Handtuch oder Sieb.
Du fließt durch meine Hände wie ein Fluß.
Die Tränen salzen kaum den schalen Kuß.
Und dennoch habe ich dich lieb.

Ich zähle dir die Perlen im Gesicht
und nicke, als du sagst, daß nichts mehr blieb.
Was bin ich schon für dich! Ich zähle nicht,
selbst dann nicht, wenn dein Herz vor Kummer bricht.
Und dennoch habe ich dich lieb.

Du wirst mich bald verlassen ohne Lohn,
mir deine Nähe stehlen, wie ein Dieb.
Das kurze Stelldichein hat Tradition,
du weintest und du gingst zu häufig schon.
Und dennoch habe ich dich lieb.

Du suchst das Feuer, um dich zu verbrennen,
das ist die Kraft, die dich seit jeher trieb.
Doch nie lernst du das wahre Feuer kennen,
das mich verzehrt, wenn wir uns wieder trennen.
Und dennoch habe ich dich lieb.

Susanne Wewers

Paradox

Ich bleib gern still, könnt endlos träumen,
du vor Brabbeln überschäumen.

Ich lieg im Bett, morgens um acht,
du hast sie abgehakt, die Nacht.
Willst kuscheln, küssen, Nasen reiben
und musst es auf die Spitze treiben.

Ich wünsche mir innig, dass du dich nicht regst,
du derweil fröhlich deine Gelenke bewegst.
Hab nie eine Chance, mich auszuklinken,
um im Meer der Träume zu versinken.

Warum nur traf nun Amors Pfeil
exakt ein menschliches Gegenteil?

Christoph Sommer

Die Königin der Diebe

Königin der Diebe
Die eines nachts zu mir kam
Sich bei mir einschlich
Und unbemerkt
Mir mein Herz stahl

Was tat ich
Dass du mich erwähltest
Um deine Schandtat
An mir auszuüben
So grausam

Nicht eingeladen hatte ich dich
Keinen Grund gab ich dir
Und dennoch nahmst du mir meine Zukunft
Um sie durch deine zu ersetzen
Wie ein unentdeckter Dieb

Oh Königin der Diebe
Du hast mich beraubt
Um dich zu meiner Königin zu machen
Und nicht entrinnen kann ich dir
Denn du stahlst mir das Leben ohne dich

Simone Brühl

In ihrem

Der Schmerz ruht im
Gedanken
Der Gedanke im Kopf
nicht aber in deinem Herzen

Die Liebe ruht im Herzen
Das Herz im Körper
nicht aber in deinem, in ihrem

Vincent Fröhlich

Faszination und Illustration: Die große Leere

trunkene Augen
umrahmt vom welken Haar
das knisternde Gesicht
ins Gehirn eingefallen
und dazwischen das Meer

das stete Gefühl
verrinnenden Zeitsandes
mit dem gelegentlichen Ahnen
von Glück hinterm Horizont
und dazwischen el mar

scharlachrote Füße
am blutreinen Herzen
die Lider von Leere gehoben
dennoch der Puls verhalten hämmernd
in weich geäderten Armen
und am Ende la mer

Saskia Ziegelmaier

Schlüssel zum Horizont

Wenn ich die Schlüssel hätte,
ich würde Dir die Tür zu dir selbst aufschließen,
einen Zugang schenken,
fern aller Bedenken,
ein zu Hause in Stille und Lebendigkeit.

Ich würde dich wegführen, von den Steinbrüchen,
den zerklüfteten Felswänden, die bröckeln,
und die du täglich passierst.

Ich würde dir den Horizont zeigen, nicht die Mauern,
den Himmel, nicht den Staub der Erde,
den Duft des Lebens, nicht den Lärm,
die Wünsche, nicht die Sattheit.
– und dann könntest du irgendwann sagen:
ich habe gelebt.

Rüdiger Britten

Gedicht eines Verliebten

Dich halten, Dich fühlen,
dem Gesang Deiner Stimme lauschen,
schöne Momente mit Dir erleben,
etwas, egal was mit Dir unternehmen,
mir das Gemälde Deines Lächelns anschauen,
Dein sein.
All das möchte ich,
und Dich so schnell wie möglich wieder vergessen.

Inga Rüders

An meinem Sonnentag

Sein Fluch kam tief
an meinem Sonnentag.

Meine Kinderarme
spielten ein buntes Herz.

Luft war der Atem
und hell mein jüngstes Gesicht.

Sein Fluch kam tief
an meinem Sonnentag.

Und leise starb ein Glucksen
im Schatten seiner Angst.

War Licht – ein Mädchen
verglüht am Horizont.

Frank Findeiß

Ernüchterung

Tiefgründig gegraben
Die Gefühlswelt erspürt
Goldschatz gehoben
Mit Verständnis verführt

Selbstlos empathisch
Wie die Klette haftend
Wünschen erlegen
SelbstEnttäuschung verkraftend

In Gedanken verrannt
An Lippen geklebt
Jeden Schritt verfolgt
Das Gleiche erstrebt

Was Großes erwartet
Hinter Mauern geblickt
Erfüllung gefunden
Und doch anders gestrickt

Cindy Vogel

Entwurzelt ohne Reue

Die Niedergeschlagenheit der verwelkten Blüte übertreffend
Schaue ich
Erstickt durch den Verlust der nährenden Substanz
Dem Kommenden entgegen
Verliere mich in Gedanken
„Lebe wohl schlafende Schönheit"
Verzeihen werde ich niemals
Dass du sie gepflückt
Entrissen dem
Was ihr Leben erstrahlen ließ
Nahmst sie für ein Stück mit auf Deinem Weg
Schmücktest dich mit ihr
Bis zu dem Tag
An dem sie dir zum Opfer wurde
Dem einstigen Glanze beraubt
Verkanntest du die Perle des Gefühls
– Sie weinte nicht wegen dir
sondern für dich

Martin Werhand

Die Liebe

Stets mit Neugier vom Menschenkinde beäugt,
Hat Sie Sich niemals der Sünde gebeugt.

Als unschuld'ges Wesen zärtlich gezeugt,
Verweilt Sie ohne Scham – Kennt nicht Hohn noch Haß,
Wohl fordert Kronos manch schmerzhaften Aderlaß ...

Ihr Wappen – die Sanftmut! Aufrecht, treu und ehrlich
Gibt Sie Sich hin – schenkt der Reue keinen Stich.
Barmherzigkeit heißt Ihr selbstloser Lohn ...

Nein! Sie leistet als Tugend in Person
Keinerlei Frondienst! Nur im mächtigsten Thron

Entflammt sie ihr Licht ...
Im menschlichen Herzen!

Anne Laubner

Du gehst

Müdlidrig schaut die alte Frau
auf Hände wie Papier
zwischen ihrem Wimpernschlag
blickt dein Leben mich an

　　　los lässt das Reißen
　　　vom Unvollendeten
　　　　　du möchtest im Traume zucken

In lauer Luft hebt die Krähe an zu fliegen
sie stürzt hinauf
jeder Flügelschlag trägt dich mehr aus meiner Gegenwart

Auf warmer Erde stehe ich
greife spastisch in den Himmel
blau strömt das Sehnen ins Universum
du bist der wunde Punkt
auf jedem Punkt
dein Andenken wird unsere Umarmung nicht ersetzen
sag mit wem soll ich nun über
die Menschen lachen
drehe um, komm zurück
was wäre sinnloser
als dein Tod

Martin Evels

Die unauslöschliche L.

Ein Stern geboren
im Herz der Galaxis
strahlt ewig weiter,
fort und fort

Er mag nie gewesen sein
ein Zwerg
ein Riese von rosenrotem Glanz
fort jedoch ihn
wünsch ich nimmer wieder

Er kam in eine Galaxis aus Gefühlen
ob sein Platz erschlichen war
oder erzwungen war
so bleibt er doch ein Licht
von eigener Kraft

Der Stern
ein Teil wird er bleiben
ob sein Licht entweichen mag
oder niemals wieder seine Corona
überwinden für einen 'blick

Er bleibt ein Feuer,
das veränderte
für die kommenden Zeiten
gleich wie weit die Spiralarme
fortgedreht

Dieser Stern wird stehen
nahe am Zentrum
einem Geschenk gleich
bis ans Ende seiner Galaxis

Patrick Klein

An die Liebe

Durch mein Herz, das dunkel meist,
In jedes Glied und die Gedanken,
Wie ein sturzbetrunk'ner Geist,
Scheinst Du mir jede Nacht zu wanken.

Hinter jedem Vorhang eben,
Den die Gedanken arglos meistern,
Selbst in tiefsten Seelenreben,
Dort scheinst nur Du allein zu geistern.

Meine Augen suchen Dich,
Wie in der Nacht ein Kind die Sonne,
Was sich liebt, das findet sich,
Doch solch Gestirn liebt nie die Wonne.

Dieser Stern – er speit und sprüht,
Die Liebe – ja ein schluckend' Feuer
Brennt und glimmt und glost und glüht,
Ach, welch ein fauchend' Ungeheuer.

Blut'ge Tränen flutet sie,
Doch Feuerseelen nie erlischen,
Fiebrig' Leid wird zur Manie,
Wenn Leib und Seele sich vermischen.

Peter Wayand

Von meiner Liebesmär

Als ich zum erstenmal Dich sah',
Da war's um mich gescheh'n.
Dein Auge lachte hell und klar
Und lies mein Herz erbeb'n.

Von Innen 'raus erstrahlst du ganz
In jugendlicher Schönheit;
Doch ist es nicht der Eitlen Glanz
Es ist der Seele Echtheit.

Was Du mir bist, wie soll ich's sagen?
Du bist mir mehr als Gut und Geld,
Und nie und nimmer könnt' ich's wagen,
Zu stören Deine heile Welt.

Doch liegt ein Schatten über mir
Und Angst erfasst mein Herz,
Dass meine große Lieb' zu Dir
von Dir verwandelt wird in Schmerz

Wenn es so ist, dass deine Lieb'
Einen Anderen glücklich macht,
So will ich nicht sein wie ein Dieb,
Der ein falsches Gefühl entfacht.

Wer diese Sprache spricht der weiß,
Wie unendlich schwer SIE fällt;
Die Sonne brennt unsagbar heiß –
Auf diese unsere schöne Welt.

Melanie Krinke

Leise

Kreisläufige Unendlichkeit
vereitelt unsere Fragestellungen
in einem skeptisch dreinblickenden Happy End.

„Geh, wenn Du musst.
Doch bleib, wenn Du kannst!"
schreie ich in den Wind, damit Du mich nicht hörst.

Chancenlose Grauträume fegen
über meine
leeren Straßen und ich
wünsche mir Deine Farben.

Doch Wünsche sind
luftige Nichtschatten
und unvermittelt schnell verpufft.

„Bleib, wenn Du kannst!" flüstere ich in
Dein Ohr.
Gerade noch leise genug.

Werner Moskopp

Neuerliche Umwerbung der Muse

Mancher Gedanke dem Mund nie entsprungen,
Das Tageslicht hätte er besser erblickt.
Viele der Reden in Narrheit erklungen,
Erschüttern den Hörer vom Wortlaut entrückt.
Freundschaften beben
Gefechte entsteh'n
So beut das Schicksal dem Menschen Vergeh'n,
Für: Göttergeschöpfe nie göttergleich leben.

Stummes Geschick birgt nur ein Ort hienieden,
Kein Wort säumt das Staunen vor Deiner Gestalt.
Kniefall und Demut sind denen beschieden,
Die von Deines Altares Antlitz bestrahlt.
Schönheit auf Erden
Unfaßbare Hold
So eicht die Liebe der Aisthesis Werten,
Für: Leben dem Liebreiz den Pathosdank zollt.

Göttin der Fruchtbarkeit, mythenentrissen,
Aus Anmut und Reinheit Dir Künste entsprungen:
Lied und Gedicht, Erinn'rung und Wissen –
Doch Du hoch im Glanz ward'st nie passend besungen.
Frauen gebären
Die Männer schwärmen
Schwanger ergeht, wem's die Musen gewähren,
Für: Meister die Scheu die den Sterblichen härmen.

Statue hehr, reich mit Blatterz vergüldet,
Die Augen Opale, dem Weltkern entfunden,
Lippen brokat, sanfte Züge gebildet,
Die Elfenbeinschenkel so sinnlich gewunden.
Opferumrauchte
Makelgelöste
Saug sie zurück, die von dir Behauchten,
Für: Seelenschwer, den einst Extase umtöste.

Darbenden Güte entsprechend den Diensten,
Nicht Name noch Nähe der Liebe ergründet.
Windend erliegen der Heldenrieg' Kühnsten
Dem stolzen Gebar, das die Allmacht verkündet.
Weltenverwalterin
Verbrauchende Form
Bär – mich im Schoß frei von Zeitkristallin,
Für: Freude schenkst du im Steten der Norm.

Wes' ist das Glück, wenn nicht von dir Gezeugten!
Dem Zeugenden flieht ja der Glutkorb der Liebe ...
Pforte zum Nichts-Sein, dem niemals Beäugten,
Schrein des Vergessens, das niemand beschriebe –
Säugende
Hauchende
All die Belebten als Zwecke Gebrauchende,
Ein' Kuß nur erbring mir Dein Mund liebstes ... Ende.

Melanie Reinartz

Mein Engel

Meine Liebe ist nicht *wie* ein Engel,
Sie strahlt nicht im Sonnenschein.
Meine Liebe ist nicht *wie* ein Engel,
Meine Liebe ist ein Engel.
Ich habe ihre Flügel gesehen.

Sie schlugen sanft.
Goldene Tropfen fielen in mein Haar,
Fanden ein Loch im Nacken,
Drangen in mein Knochenmark.
Mein Körper begann zu zittern,
Ich warf mich auf den Boden.
Es juckte und ich verbrannte.

Sie strahlt nicht im Sonnenschein,
Nein, sie ist der Sonnenschein.
Sie lässt mein Herz explodieren,
Dass ich mich übergeben muss.
Mein Verstand spaziert mit Sonnenbrille
In rabenschwarzer Nacht.
Sie ist mein ganzer Dreck,
Und sie ist meine Seife,
Sie ist mein Wasser,
Reinigt mich von Dunkelheit.
Mein Fenster in eine andere Welt.
Sie ist mein Schlaflied,
Meine Hymne, die ruft,
Kein Held zu sein.

Ja, meine Liebe ist nicht *wie* ein Engel,
Mein Liebe ist ein Engel,
Mein Engel.

Thomas Bruns

Abzweigung

Zorn und Wut, das Ego brennt
Eifersucht den Geist ertränkt
das Meer ist tief die Wellen hoch
der Halt er fehlt, der Körper tobt
die eigene Schuld das Herz erfriert
wodurch das Sein im Selbst krepiert
Ohnmacht, Vergangenes zu ändern
hindert den Menschen seine Zukunft zu verändern
sie sind wie ich, such altes Glück
kann es nicht ändern, will dich zurück

Es durchbohrt die Seele, Schmerz
doch es ist noch da, das Herz
vergraben unter Oberflächlichkeit
schlägt es heraus, zieht sich zurück in Wirklichkeit
Wahrheit steckt tief darin verborgen
vergraben unter Ego Sorgen
die Zeit verrinnt kehrt nicht zurück
das Leben fließt durch Angst und Glück
Er ist noch da und tief der Schmerz
doch loslassen kann nur das Herz

Kathrin Raab

Realität vs. Phantasie

Die Realität ist dunkel und grau
Sie scheint wie ein Tiefes Loch zu sein – kalt und klamm
Die Sehnsucht ist groß doch du weißt ganz genau
Dass sie im wirklichen Leben nicht in Erfüllung gehen kann.
Dir ist innerlich so furchtbar kalt
Du frierst und zitterst am ganzen Leib,
Es ist ein schwarzer Stift der das Bild deines Lebens malt
Und keine einzige fröhliche Farbe zeigt.
Tränen erfrieren an deinen bebenden Wangen
Ein verzweifeltes Schreien stockt in deiner Kehle
Du bist in harten Klauen der Sehnsucht gefangen
Und merkst langsam stirbt deine Seele.

Der einzige Ort der dir Wärme verspricht
Sind Träume, gemalt von deiner Phantasie.
Du tauchst in diese geheime Welt voller hellem Licht
Soviel Wärme und Zufriedenheit erlebst du in der Realität nie.
Du bist Dirigent und Maler in einer Person
Nach deiner Musik tanzt alles in der von dir geschaffenen Welt.
Nach kurzer Zeit in diesem herrlichen Reich merkst du schon,
Dass dir die Phantasie viel besser als die Realität gefällt.

Immer mehr Zeit verbringst du dort und genießt es sehr
Die Liebe, die Hoffnung, die Sehnsucht zu stillen,
Du löst die Bande zur Realität immer mehr
Verbringst in Träumen ein Leben nach deinem Willen.
Doch auch diese Medaille besteht aus zwei Seiten,
Denn die Phantasie ist zwar schön, doch leider nur eine Flucht.
Wirkliches Glück kann dir nur die Realität bereiten,
Auch wenn man nach diesem Glück manchmal sein Leben lang sucht.

Sei Dir eines Umstandes jederzeit bewusst:
Realität und Phantasie sind zwei verschiedene Welten.
Instinktiv spürst du, dass du in der Realität bleiben musst
Denn nur dort werden Liebe und Glück als Erfüllung gelten.

Thorsten Libotte

Xenoglossie

Deine goldenen Haare liegen in meinem Gesicht.
Lass es liegen, es kitzelt nicht.
Dein betörender Duft in meiner Nase.
Intensiver als die Blumen in der Vase.

Dein rhythmischer Atem streift mein Ohr.
Beschwört wieder erwachendes Verlangen hervor.
Deine warme Brust an meinen Mund.
Salzig, milchig, irgendwie gesund.

Ich öffne verwirrt meine Augen.
Sehe mich im Spiegel an der Zahnbürste saugen.

Frank Findeiß

ZwischenWelten

Griff zum Schrank – obligatorisch
Drauf eingestellt, schon fast notorisch
Schnapp ich mir das Negligé
In dem ich mich so gerne seh'
Die Fingernägel angeklebt
Mein Spiegelbild wirkt ganz verlebt
Es grinst das Allerweltsgesicht
Das mich schon lang nicht mehr anspricht
Vertusche Missmut hinter Schminke
Während langsam ich versinke
Und plötzlich bin ich in der Welt
Die nur aus Träumen sich erhält
Halt' an meinem Zustand fest
Dessen Sog mich nicht loslässt
Schlüpfe ins Spitzendessous
Die Federboa ist der Clou
Zwänge mich in ein Korsett
Mein alter ego sagt: „Kokett!"
Der Mini macht den Look perfekt
Der den Narzißmus in mir weckt
Strapse sitzen, Stöckel klacken
Auch auf der Straße könnt' ich's packen
Hab' ja gelernt wie ich mich bücke
Und mit Perücke stets verzücke
Den Status hab' ich mir gepachtet
Dann wach' ich auf ganz unerwartet
Erblick' den kleinen Unterschied
In dem das Trugbild sich verriet
Ernüchterung, sie macht sich breit
Die Phantasie ging wohl zu weit
So frön' ich der Integrität
Doch fehlt mir die Identität

Roberto Isberner

(auf dem) dach der welt

edel und fein
verblasst grad dein
(sonst) feuriger atem sacht –
diese nacht haben wir
durchge-
dacht
(und doch kein' anfang gefunden):

mit dem zitronenscheibenmond
als frucht in unserm
lebenscocktail belohnt
schief auf uns blinzelnd
in deine augen den morgen pinselnd

lange zeit geduldig liegend
sitzend redend nur
nicht aneinanderschmiegend
über der stadt die
wie ein meer
in den morgen wankt
jede helle welle sich
mit der nächsten zankt

innerlich zitternd dämmerkälte
endliche minuten die ich zählte
und (d)eine berührung hatte ihre zeit
saß im boot unserer verbundenheit

in unserm fluss schwimmend
bedächtig aneinander gehalten
mit decken bedecken
die angst verdecken
dabei entdecken
wir suchende gestalten

im späteren licht
auf frühfeuchtem rasen
dem kanal entgegenrasen
in dessen wasser wir früher
unsere zukunft lasen
leer an menschen sind gedanken
und strassen

sprechen atmen verbunden fühlen
in die augen blicken
herz aufwühlend
alles schwere seen
unser sein umspülend

schliesslich dockt man wieder an
vermeintlich sicher im alten hafen
wo sich im dunkeln noch eben
angst und neugier trafen
steigt herab verlässt das deck

und legt sich schlafen.

Rüdiger Britten

Über die Liebe zum Schreiben

Geradezu überwältigend ist manchmal
das Gefühl des Schreibens, des
Geschriebenhabens, des sich Hinergebens
in den Fluß der Zeit, – hin zu – das Warme
verstecken hinter kaltem, intellektuellen Glas.

Es ist etwas Wundervolles, als würde man
über Wiesen hüpfen, sich wälzen in der Natur,
als würde man von den höchsten Baumwipfeln rufen,
und sich, dem Mondschein lauschend,
dem ersten Kuss einer neuen Liebe hingeben.

Manchmal zerfrisst es Dich, beißt fest zu.
Mhmm, lecker, noch ein Bissen
von der Reinheit, der Unschuld,
der Ideologie.

Es ist das Glas Rotwein am Abend,
das Positive am Tag, es ist im Tau
der Wiese, im Schmerz der Liebe.
Es ist der andersfarbige Stein in der Häuserwand.

Ja genau – schau nur hin.

Anne Laubner

Sehnsucht

Du Sehnsucht, ich jag dich!
Jage dich durch Bars der grünen Stadt, Busse und Bahnen
Ich
springe dir nach auf den holländischen Schlepper du flinke Wachtel
singst mit deinem Zünglein zitternd in mein Ohr
singst mit deinem Zünglein grausam rau
brüllst das Sommerlied empor
es pflastert den gelbblauen Gardinenhimmel,
verdreht den Wirbel des kranken Bettlers der freut sich nicht.
Du, Sehnsucht!
Wenn ich dich hab werde ich dich verzehren
meine Gabel in dein fasriges Fleisch bohren,
genüsslich deinen Geschmack testen
wie er sich am Gaumen macht und dich zermalmen,
als hätte ich nie gespeist.

Du Sehnsucht! Was mache ich, wenn ich dich gegessen hab?

Daniel Dölschner

Ode auf Frankfurt

Zur Musik des Akkordeonspielers
durch die Unterführung am Dornbusch;
mit der U-Bahn vor zur Hauptwache
und zwischen den Menschen hinab zum Römer
dem Platz der aufgehenden Sonne;
vorbei am Kunstverein und der Schirn
auf einen Abstecher in den Dom
der mich an den heißen Sommertagen
von der Last der Sonne erlöst;
am Fotografie Forum runter zum Main
und unter den Versen Homers über den Eisernen Steg
auf den Flohmarkt am anderen Ufer
wo mein Herz beim Anblick der Skyline
aufhört zu fragen, wohin es gehört –
oh, das Schönste hier
sind die Brücken zurück nach drüben
und das Schönste in meinem Leben
ist meine Brücke hin zu dir

Martin Lemmer

Refugium eines Liebenden.

Ich lebe in Schatten.
Schöpfungsmythen meiner selbst,
Scherben im Untergang einer Sonne,
hellste Hoffnung
in der Umarmung meiner Worte,
Stufen eines Abbildes,

wachse in Höhen eines Orgasmus
oder Lebens, Liebens einer Silhouette,

singe 1001 Lieder & keines,
kreuze Wege im Rätsel einer Welt,
eines Werdens, aus dem Unterholz
meiner Erde bin ich geboren
in den poetischen Tag eines Meeres,
vereint & zerstückelt,

scheinend aus der Tiefe,
sterbend in der Höhe,

mich verlierend auf ungesehenen Gleisen,
im nächsten Leben
stärker als jenes selbst zuvor
- die Farbe der Liebe im Herzen,
weil ich es will,
am Himmel eines Monet oder Monsters,

manchmal. -

Gunhild Hotz

Entwurzelt

Gewurzelt in fruchtbarer Erde,
gewachsen zum Himmel empor ...
Der Sonne liebkosend' Gebärde
lockt Knospen den Zweigen hervor.

Es sprießen die sehnsücht'gen Triebe,
es blüht bald ein heimlicher Traum,
doch winkende Flügel der Liebe
beschatten den mächtigen Baum.

Die Wurzeln erschüttert vom Beben,
die Zweige erzittert im Wind,
verwüstet die Träume von Leben,
die ungleich dem Liebesplan sind.

Gewachsen und still dann beschnitten,
mit Blättern gekrönt, dann entlaubt,
des Herzens Geheimnis inmitten
bin ich meines Willens beraubt.

Im Wechsel der stummen Gezeiten,
im stetigen Jahresverlauf,
läßt Liebe von mir sich nicht leiten,
lenkt Liebe vielmehr MEINEN Lauf!

Saskia Ziegelmaier

Die Liebe im Leben des andern

Wenn ich die Liebe in Deinem Leben bin,
ist es dann häufig kalt um Dich?
Ist sie verwelkt, wie der Wind auf allen
Kontinenten zerstreut, ohne
Samenkorn zurückgeblieben?

Jeder die Liebe im Leben eines
anderen? Bist Du meine? Bin ich Deine?
Wir sind beide Wandervögel,
auf den Schwingen der Zeit
gleiten wir still dahin.

Wir umkreisen Momente,
unsere Herzen stehen für
Sekunden still.
Dann nur Liebe, kristallenes
Schweigen.

Cindy Vogel

Nur Nähen lernen musst Du Geliebter

Risse in einem roten Tuch
Voller pulsierender Kraft
Tropfen für Tropfen
Verlässt das warme Innere
Erstarrt an der neuen Wirklichkeit
Immer schneller verliert sich die ursprüngliche Form
Ohne Nadel und Faden hält Dich nichts mehr in meinem Herz
– Und auch dann
Bleibt nur das
Was bleibt

Stefan Krüger

Epimetheus

als mich die Liebe malte
in wolkenlose Ferne
und hell das Meer der Sterne
nur meinen Augen strahlte

als jeder Laut und jeder Duft
in die betörend süße Luft
gelöst war, sich mir hinzugeben

war alles nicht in meinem Leben
denn es gab dich

wie kannst du mich
da alle meine Sinne sich
bezaubert um dich drehen
so hintergehen

Simone Brühl

Schattenspiel

Ich will dich
Und ich wollte dich
Diesmal kämpfe ich
Also kämpfte ich
Ich flüchte nicht
Doch das tat ich

Den Schatten an deiner
Seite ließ ich,
Dich zu begleiten.
Somit bewies ich
Zu kämpfen lohnt sich
Wenn man Schattenspiele mag

Dominik Steinruck

Ein schöner Abend

Der Rhythmus schneller süßer Töne
Hat mich im Tanz zu dir gebracht,
Und wie ein Engel hast du dann mit mir gelacht.
An diesem Abend warst nur du allein das Schöne.

Dann sollte uns der Mond verführen.
In dieser kühlen regnerischen Nacht
Hat mir das Schicksal diese Freude dann gemacht:
Deinen warmen Körper eng an meiner Brust zu spüren.

Wie gerne wär' ich frei gewesen,
In dieser mond- und wolkenschweren Nacht.
Ich hätt' mein ganzes Herz dir vorgelesen.

So habe ich den Abend still mit dir verbracht.
Und blickte sehnsuchtsvoll auf deine Lippen,
Und wollte doch so gern an ihrem Nektar nippen.

Kathrin Raab

Falsches Spiel

Und wenn ich an uns glaube
Nicht nur an die Vision
Die ich von uns habe
Eine falsche Illusion

Und wenn ich Dich sehe
Mit Augen voller Liebe
Nicht durch die rosa Brille
Die ich mir zu recht schiebe

Und wenn ich sage „Ich lieb' Dich!"
Mit echtem Gefühl
Nicht nur mit meiner Stimme
Belegt, wacklig und kühl

Und wenn ich Dich berühre
Mit meinen Fingerspitzen
Nicht mit feuchten Händen
Die vor Verlogenheit schwitzen

Und wenn ich Dich liebe
Nicht nur heuchle und spiele
Ist es vielleicht schon zu spät
„Und wenn's" gab's zu viele

Alexander Simm

Liebestrunken

1.
Begierig leck ich alle Laute auf,
die deinen Lippen, rot wie Wein, entquellen.
Mein Herz wird Schleier vor die Augen weben.

Und deinen zarten Schattenrissverlauf,
in weißen Sternen, perlenhellen,
in dieser Nacht zum leeren Himmel heben.

2.
Mein Blut schreit still nach deinem Schierlingsbecher,
den ich in einem Zug in meinen Rachen sauge,
bis ich betrunken unterm Tisch versinke.

Der Kirschmond steigt weit über Hochhausdächer
und warnt mich vor dem süßen Gift der Traube,
derweil ich doch begierig weiter trinke.

3.
Der Saft wird dick und drückt sich schwer
durch meine ausgeweinten Aderbahnen,
die ausgeleiert sind vom wilden Blut.

Der tote Blick wird Milch und glasig leer
und lässt doch kaum den Schmerz erahnen.
Mit einem letzten Schluck gerinnt der Sud.

Isabel Seifried

Abschied

Sehnsuchtstrunken brennt die Sonne
das Geheimnis in mein Grab,
alles Zögern, alles Zaudern,
alles Zittern, alles Schaudern,
das ich dir verweigert hab.

In der Stille dieser Wonne
Gibt sich meine Seele hin,
deinen Blicken, deiner Liebe
meinem warmen Sommertriebe
muß ich mich nicht mehr entziehn.

Alles Elend, alles Träumen,
das ich dir verheimlicht hab,
alle Liebe, die ich mitnahm,
Sehnsucht, die mich überkam,
beginnt nun, sich aufzubäumen,
ragt heraus aus meinem Grab.

Thomas Bruns

Höllenqual

Schritt durch des Höllenschlundes Tor
kam heraus ging wieder vor
ein Spiel, das ich gespielt zu Hauf
mit Gott und Teufel deren Lauf
ich bis aufs Mark verachte
weil nichts mir dieses Spiel einbrachte
ist Nichts Alles, Alles Nichts
ich wußt es mal weiß wieder nichts
nur eins, nach dem ich mich verzehre
ließ mich auferstehen aus der Leere
für alle Zeiten steht dies fest
er schert mich nicht der Welten Rest
so schreite wieder aus der Hölle ich
um dir zu sagen, Ich Liebe Dich

Vincent Fröhlich

Liebeswege

zwei Wege führen zu Dir
einer schneidet sich durchs Jammertal
wo Hitze alles zerbrennt
ein Totenkopf zumal den Wagen lenkt
die Kälte nachts sich auf die Schlafenden senkt
und die Erde kein Erbarmen kennt

der andre windet sich galant:
goldenes Gräberland sich vors Auge spannt
zu formen Deines Körpers Formen
in des Mondes Glanz
ersehe ich plötzlich
Deinen weichen Augenliebestanz
die Sonne ist Dein leuchtend Angesicht
und brennt drum sanfteres Licht
süßer Schweiß tränt meine Sehnsucht
trägst Du ein Stück der Wegeslast
der Bach erfüllt das Tal mit Deinem Duft
im Wald erscheinst Du auf der Lichtung
Sonnenblumen wenden ihren Kopf in der Luft
zu zeigen Deine Richtung

Melanie Krinke

Treffer

Augenpaarkollision im Präteritum.
Sich sehen zugunsten des
Momentenwachstums.
Wenig später waschen Dich
meine Zweifel fort.
Bin wieder allein und betrachte
die Menschenschatten.
Frische Gesten in blauen
Gemütern zeigen ihre
stecknadelkopfgroßen
Lichtblicke voller Schönheit.
Erkenntnis.
Doch ohne Gefühl.
Wie Herzpfeilkatapulte, die meine
Seele verfehlen.
Nicht jede Chance ein Treffer.
Aber jeder Treffer braucht eine Chance.

Martin Evels

Im Sessel daneben

Träume,
seltsame Räume,
Nischen des Geraunten,
des Ungetrauten,
des unerwiderten
Wünschens, Brauchens

Lichtgestalt,
traumferne Fee,
Zuckerwesen im Salzsee,
Engel ohne Flügel-Halt,
bebrillte Gestalt,
Echo des Alt

Sessel
Warst ihr Nische,
bist traumentstiegen,
im Licht geblieben
Entführer in die Stiegen,
die Echos und Hauche des Einstmals

Ding
Aus Traum und Welt,
Spurenträger
zur Frau in der Nische,
die liegt in den Kammern,
die hinter den Rippen schlagen

Traum,
Lichtgestalt,
Mensch in der Ferne,
in Abstand und Ferne
und im Schneidersitz
auf dem Sessel

Julia Groth

Wohnungssommer

Manchmal, wenn die Sonnenstrahlen
Durch die Fenster, die zu kleinen,
Auf mein Bett am Morgen scheinen
Und vertraute Muster malen

Und auf Apfelschalen scheinen,
Die dort schon seit einer Weile
Liegen, nur noch Einzelteile,
Fühl ich dich an meinen Beinen

Und vergesse, dass es hier doch
Trotz der Sonne nach wie vor noch
Nur die enge Wohnung ist,

Wo wir in den weißen Räumen
Hemmungslos von Stränden träumen
Immer, wenn du bei mir bist.

Thorsten Libotte

Küsse

Weiche Lippen berühren meine.
Die Zunge sucht und findet deine.

Ein Suchen und Finden.
Ein Saugen und Winden.

Sekunden, Augenblicke werden zur Ewigkeit.
Ein Herz, das nicht nur pocht - es schreit.

Saskia Ziegelmaier

Ad acta 2

Die Gedanken perlen vage
über deine schmunzelnden Lippen,
wippen über die Küsse der Nacht.
Deine Augenlieder ruhen aufgereiht
auf einer Perlenschnur fließen über den
taumelnden Lidstrich, fast vergänglich.
Du liegst als noch unvollendetes Kunstwerk
neben mir. Du – ein Porträt
– gezeichnet aus meinen Impressionen.

Peter Wayand

Hab dich lieb, denk an dich, melde mich!

(Songtext)

(Strophen)
Ich seh' den schwarzen Vogel fliegen
Über weite grüne Wiesen,
Lauer Wind, kein Lüftchen regt sich
Und ich denke wieder nur an dich.

Und der Hund zu meinen Füßen
Blickt als wolltest du mich grüßen,
Denn er hat dein Herz und deinen Charme;
Du hieltest ihn als Welpen schon im Arm.

Der schwarze Vogel kreist noch immer,
Ich hab' im Aug' 'nen feuchten Schimmer,
Denk ich an die alte Zeit zurück;
Unbeschwertes Spiel und wahres Glück.

Doch das ist schon sehr lang her,
Und fällt mir auch das Atmen schwer,
Werd' ich doch den Blick nach vorne lenken,
Ich werd' mich nicht im eig'nen Gram ertränken.

(Refrain)
„Hab' dich lieb, denk' an dich, melde mich!",
Sagtest du und es traf mich fürchterlich.
„Hab' dich lieb, denk' an dich, melde mich!" –
Und ich war wie weggetreten,
Konnte nur noch bangend beten,
Dass ich dich in meine Arme nehmen kann ...

Susanne Wewers

Nebenwirkung

Die Liebe
zeugt
auch Diebe
die nachts
durch rohe Hiebe
die Bindung stets in Stücke teilen
und so des Glückes Ende feilen,
blankes Getriebe
leblos
die Liebe
auch
durch Diebe.

Eva Herold

Für Kerstin

Du bist ich
Ich bin Du

Ich kann nie mehr ohne dich sein
Und trage dich in mir
Selbst in die tiefsten Schatten hinein
In Lichterschweife
Und in die Stille.

Ich habe die Gewißheit
Du bist die Gewißheit
Und Gefühlheit
In erschreckend großer Liebe
Verbunden.
Verletze ich dich
Rammte ich mir zeitgleich das Messer
Ins Herz.

Christiane Weiner

Für Mareike

Sanft streichelt
deine Stimme
am Telefon
meine Hand

du und ich wissen,
dass die Vergangenheit
nie
verschwand

du kennst diese
roten Narben
sie sind deinen
verwandt

ohne deine salbenden Gaben
hielte ich
nichts
in der Hand

du bist meine Schwester
heute wie gestern

Melanie Reinartz

Liebe nur ein Wort

Mein Kopf ist voller Fragen, die ich stellen muß
Doch die Antworten sind verweht in der Unendlichkeit
Ich trete auf einer Stelle, mit Wehmut schmerzt mein Fuß
Ich suche mein eigenes Ich, meine eigene Einheit
Die dunkle Nacht benebelt, auch wenn sie die Wahrheit zeigt
Verloren in einem Netz aus verworrener Angst
Such ich jetzt das, was ich verlor

Ich renne einen Weg, der mich ins Nirgendwo führt
Die Tauben ruhen auf den Dächern und starren
Geschlossen die Augen, dennoch durch dein Bild berührt
Würdest du mich verlassen, oder bei mir verharren
Ich will los, doch die Ketten halten mich
Eingesperrt in meinem selbst erbauten Kerker
Frag ich jetzt das, was ich nicht weiß

Die Zeit verrinnt, läuft mir davon
Du wirst nicht ewig warten
Doch die Angst ist immer da, immer wahr
Der Schmerz wartet versteckt darauf zuzuschlagen
Hervorgetreten aus dem Schatten
Bedenke ich das, was ich vergaß

Liebe nur ein Wort, schick mich nicht fort
Keinen Weg zurück aus dem, was mich bedrückt
Liebe nur ein Wort, Liebe nur ein Mord
Lieb ich dich, lieb ich dich nicht?
Was für eine Frage, was für eine Plage

Holger Riedel

Der Wind und unsere Träume

Ich wünschte, ich wäre noch einmal ganz klein
Und stände auf sandigen Dünen am Meer,
Die Augen geschlossen, Gedanken noch leer,
Der Wind und ich ganz allein.

Ich lausche dem nächtlichen Tosen gebannt,
Es gleicht einem bebenden, dunklen Orkan,
Durchdringt meine Träume und gleitet voran,
Wie Meereswellen auf Sand.

Der Wind ist ein Träumer, ein argloses Kind.
Er spielt mit den Wünschen vor endlosen Jahren,
Doch Spiele sind längst nicht mehr, was sie mal waren,
Und Träume sind das, was sie sind.

Dort sitz ich gefangen im eigenen Turm.
Ich hoff, dass der Wind dir ein Liebeslied schreibt,
Auf dass er die dunklen Gedanken vertreibt,
Und höre die Böen im Sturm.

Martin Werhand

Romantische Phantasterei

Seelische Reflexe im goldgelben Glanz.
Von Englein mit fülligen Hörnern verführt.
Vor Sehnsucht geblendet, so lustvoll berührt,
Spielt das Herz Dir fromm auf ... zum tragischen Tanz.

Dem Traumweib geflochten ein heiliger Kranz.
DU wußtest ja – Ehre wem Ehre gebührt!
So wird nun am Ende die Torheit gekürt,
Ernüchterung pur durch die Schreckensbilanz.

Die Liebste enttarnt als sterbliches Wesen!
Und der Zauberstaub aus den Wundertüten ...?
Hinweggefegt mit dem eisernen Besen.

Vor Pandoras Gunst sollte man sich hüten.
Doch welch' Hohn, kaum bist Du halbwegs genesen,
Beginnt der Glaube aufs neue zu wüten!

Gunhild Hotz

Sehende Liebe

Einst der Kontrolle abgeschworen,
ausgeliefert und verloren,
streckte mein Herz die Flügel aus,
trug weit mich über mich hinaus,
und nie zuvor sah ich so klar,
nahm Wirklichkeit so wirklich wahr,
zugeschnürt war mir die Kehle,
beim Betreten Deiner Seele:
Unbekanntes neues Land
und doch von alters her bekannt.
Mit Worten, oft nicht gern gehört,
hast du mein Selbstbild jäh zerstört
und gabst mich so mir selbst zurück,
aus einer Wurzel Leid und Glück:
So mußt' ich, um ich selbst zu bleiben,
mich einer Änd'rung doch verschreiben!
Mit einem Schlage war mir klar,
was ich schon bin und doch nie war –
und niemals wieder werde sein.
Wie trügerisch des Glückes Schein!

Jetzt, da der Kopf das Zepter führt,
viele vermeintlich' Lieben schürt,
in blinder Liebe mich zu trügen
mit Früchten eig'ner Lebenslügen;
da ich dem Risiko entgehe,
zu lieben, was ich nicht verstehe,
wird nie mich das Problem mehr plagen,
das eig'ne Ich zu hinterfragen.
Im „Gleich und Gleich gesellt sich gern"
ist mir das Glück nicht nah noch fern,
ist Leben mir nicht Last noch Freud,
leb' ich im Gestern nicht noch heut.
Im Traume manchmal sich noch spiegelt
mein wahres Ich, so eingeigelt,
in Deinen Augen, hell und klar,
so wie zuvor es einmal war ...

Patrick Klein

Stille der Liebe

Weißt Du nicht, was dem Baume
Sein geheimes Schicksal gibt,
Was Dir webt in Deinem Traume,
Wenn Dich niemand zärtlich liebt?

Sieh, wie Sehnsucht bunt in Farben
Das Aug' als Blüte oft erfreut
Doch niemand sieht vor Liebe darben
Ihn, der blüht in seinem Leid

Des zauberhaften Lieds der Minne
Wunderbarer Wonneschein
Umgaukelt aller Wesen Sinne
Nur der Baum steht ganz allein

Und er flüstert zart und leise
Seine Liebe in den Wind.
Dieser Bote trägt nun weise
Der Liebe Nachricht hin geschwind

Hörst Du in einer Sommernacht
Nicht das Flehen in den Lüften,
Die der Wind hat mitgebracht,
Riechst nicht das Blühen in den Düften?

Daniela Panteleit

zwei welten

dein kosmos regnet auf dich herab
so viel liebe in deiner berührung
sie prallt an ihre hemisphäre

du hast die zeichen deiner zeit gelesen
doch ihre nicht verstanden
ihr wörterbuch ein buch mit vielen siegeln

du kämpfst dich durch die fluten deiner trauer
ihr Sein ein unbekannter fluss
der dich mitreißt, doch nicht ans ziel schwemmt

es war ein kurzer weg, den ihr gegangen seid
die weite eures horizontes
endet an zwei verschiedenen regenbögen

1 September

Alexander Simm

Ein schöner Morgen

Seltsam – wa(h)r
der Abschied – sanftes Sterben.
In keiner Nacht, an keinem regengrauen Tag
sondern am wunderschönsten Morgen.

Kathrin Raab

Treibsand

Es sind Unmengen an Liebe die Du besitzt, mir schenkst.
Unmengen, kaum überschaubar, schwer zu schätzen.

Unmengen, wie der Sand aller Strände dieser Welt.
Unzählbare Sandkörner, nicht in Förmchen zu füllen.

Unmengen, Massen, die mich unter sich zu begraben drohen.
Massen, gegen die ich ankämpfen muss.
Ich würde ersticken, gäbe ich mich geschlagen.

Es gilt die Sandberge zu erklimmen,
Nach oben, wo Luft ist, ich mich bewegen kann, nicht einbetoniert,
Erstickt stecken bleibe, unfähig zu atmen, unfähig mich zu bewegen.

Immer schneller muss ich klettern,
Auf den neu aufgeschütteten Bergen Sand Liebe.

Unter meinen Füßen beginnt es zu rutschen.
Treibsand.
Tödlich.

Hättest du mir jeden Tag nur einen Sandkuchen gebacken.
In Herzform.
Ich hätte überlebt.

Meinolf Finke

Sommerabend am Meer

Die Blätter rascheln froh im Wind,
weil diese ihm gewogen sind,
und Hecken schmiegen sich im Tal
um Reetdachhäuser wie ein Schal.

All die bunten Rosenhecken,
die schöne Gedanken wecken,
leuchten warm im Abendrot
wie die Liebe in der Not.

Ach, was bringen laue Lüfte
lang ersehnte süße Düfte
und vom Meer erklingt ein Rauschen,
dem im Flug die Möwen lauschen.

Dieser Abend schärft die Sinne,
Liebespaare halten inne,
lauschen Märchen der Natur
und verschmelzen in der Flur.

Jenny Hörig

Yakamoz

Tobender Sturm
Doch das Meeresleuchten
Spiegelt sich in unseren Augen

Meine Tränen
Waschen Deine Seele
Das Innerste des Herzens berührt

Ohne jegliche Grenzen gespürt
Mondspiegelung im Meer
An dich lehnen

Dieser Moment ist nicht zu rauben
Licht im Takt des Herzschlags
Vor dem Leuchtturm

Frank Findeiß

Das gewisse Etwas

Deine Augenlider spielen gern
Die volle Haarpracht lockt
Hol' Dir vom Himmel jeden Stern
Und mein flacher Atem stockt

Kann mich einfach nicht erwehren
Auch wenn dafür ich Dich verdamme
Zu stark brennt das Begehren
Ich bin Feuer und Flamme

Der erste Eindruck hat die Sicht begrenzt
Mir kommen Zweifel und Mißtrauen
Es ist nicht alles Gold was glänzt
Und wer möchte auf Sand bauen?

Bist äußerlich zwar chic
Doch Deine Absicht ist nicht ehrlich
Was anzieht auf den ersten Blick
Ist im Grunde doch entbehrlich

Kalkulierst bei jedem Schritt
Machst per se 'ne Top-Figur
Dein bombastisches Outfit
Ist der schlichte Zierrat nur

Betörend ist Dein Höllen-Duft
Die Reize sind versprüht
Aus Deinem Mund kommt heiße Luft
Der Esprit ist längst verglüht

Hast überhaupt keine Interessen
Dein Intellekt versagt beim Necken
Kannst Dich bloß an Schönheit messen
Und schlafende Hunde damit wecken

Du bist ganz einfach billig
Nur Dein Anblick hält mich wach
Ich weiß, Dein Fleisch ist willig
Und der Geist ist schwach

Julia Groth

Der Kuss

Zuerst ein Kuss. Und dann die schlimmen Worte:
„Du, ich glaub das wird nichts mit uns zwei."
Und er stand stumm. Und wusste nichts zu sagen.
Und sah sie an. Und sah an ihr vorbei.

Zuerst ein Kuss. Dann ließ sie ihn alleine.
Die Sonne schien mit ihrer ganzen Macht
Und Vögel saßen über ihm in Ästen.
Er hatte seine Augen zugemacht.

Zuletzt ein Kuss. Dann ging das Leben weiter.
Es musste ja, es hielt für ihn nicht an.
Und er fand keinen bessren Trost als diesen:
„Such dir die nächste. Du bist doch ein Mann."

Stefan Krüger

Würfelzucker

Das Schicksal würfelt manchmal Zucker.
Ich stieg im Glauben in die Bahn,
ich wäre nur ein armer Schlucker.
Als ich dich sah, verging mein Wahn.

Du warst mir fremd und prompt vertraut.
(Die Bahn bot mir sonst nur Gestalten,
an denen man vorüberschaut,
verwechselbar mit jedem Halten.)

Ich spielte auf dir Blick versenken,
und fiel in Trance, verlor kein Wort,
fand keinen Wink, ihn dir zu schenken.
Als ich erwachte, warst du fort.

Christiane Weiner

Tiefe

Während meines Falls
durch die Wüste
trostloser Begegnungen
streckte unerwartet
eine Türschwelle
ihre Hand nach mir aus.

Den Lauten nach
schien sie
das Tor
zu einem
Brunnen
zu verbergen.

Ich setzte mich
von Sand und Staub
fast taub
auf ihren Rand
um seinem Wasserlied
zu lauschen.

Ich hörte viel,
doch blieb nicht lang
Die Töne waren zu schön.
Ich wusst' unmöglich
wäre mir
sonst wieder fort zu gehen.

Roberto Isberner

rätsel

des auges stumme mitte
lodert nächtlich in mir
kein zweiter blick auf dritte
sie brennt nur bis zu dir

du als ungewisse weise
das leben vor sich hin zu reiten
ob lang oder kurz die reise
nur du kannst meine blicke weiten

Saskia Ziegelmaier

Ad acta 3

Pflücke den Strauß
aus müden Morgentropfen,
die am Fenster aufgereiht ruhen,
wo in der kühlen Nacht draußen,
drinnen unsere süße Hitze
die Scheiben vernebelt hat.

Mit deiner Fingerspitze hast
Du zärtlich eine
Gravur unserer
Namen eingeritzt in die
Dunstschwaden der verflogenen Lust.

Doch in den Regentropfen am Fenster
fließt dein Kunstwerk weg,
der Tag hat uns wach gespült.

Peter Wayand

Ein Traum

(Wie eine Moritat)

Ich sah sie - in der Sonne sitzen.
Doch ihre Augen - sah ich nicht.

Sie hatte nicht die Schönheit eines Models.
Sie war wohl keine heißbegehrte Braut.

Und doch - ich sprach sie an - und
War verwundert ... über soviel Geist.

Dann glaubte ich, ich säh' sie niemals wieder,
Und gab sie innerlich verloren.

Doch das Schicksal meint es anders - und ich traf
Sie wieder - wo ich es am wenigsten geahnt.

Seit diesem Zeitpunkt hab' ich so ein komisches Gefühl,
Das einzuschätzen und zu deuten fast unmöglich ist.

Es ist ein Mix aus Zuneigung, Unsicherheit, Freude ...
Himmelhochjauchzend, doch zu Tode betrübt.

„Kann die Empfindung Liebe sein?" so fragt ein Prinz.
Vielleicht - ich muss mich selbst erst wiederfinden.

Martin Werhand

Unter Artenschutz

Edle **Spezies**, wohin hast Du Dich verkrochen ...?
Wenn durch die Damenwelt ein dumpfes Raunen schleicht
Und Verblüffung dem blanken Entsetzen weicht,
Sind wahrlich ... düstere Zeiten angebrochen!

In dieser Welt vom Aussterben akut bedroht,
Bedarfst Du dringend der speziellen Pflege.
Du brauchst ein Jagdrevier und ein Gehege,
Wo Höflichkeit und Tugend sind noch nicht verroht.

In Deiner **Gattung** warst Du ein echter Musketier.
Doch niemand war so recht um Fortbestand bestrebt,
Wenig Exemplare haben überlebt ...
Nun steht er unter Artenschutz - der KAVALIER!

Dominik Steinruck

Einem alten Freund etwas wünschen ...

Erinnerung an Tage, nun Vergangenheit,
die unbeschwert und voller Freude sind.
Die Zeit, da warn wir beide schon zusammen, noch als Kind,
auch Streit, und doch als Freunde stets bereit.

Und Heute? Eine große Weite findet statt.
Ein Meer dazwischen, das ist unser Los.
Doch freu dich, denn nichts macht die Welt so groß,
wie wenn man Freunde in der Ferne hat.

Ein neues Jahr beginnt, was liegt am Ende?
Ich weiß es nicht, doch wünsche ich dir dies:
Zum Ruhen immer Sonnenstrände;

Dass deine Lebensblume jemand sorgend gießt,
dass keiner, den du liebst aus deinem Leben scheidet.
Und Freundschaft, die uns jeder neidet.

Meinolf Finke

Wachsende Liebe

Abendwind haucht durch die Bäume,
im Biergarten wachsen Träume,
Linden zeigen zarte Triebe
und beim Flirten wächst die Liebe.

Reger Austausch der Gedanken
bringt selbst Standfeste ins Wanken,
so daß diese auch begreifen,
wie Gefühle innig reifen.

Zärtlichkeiten auszutauschen
während Linden standhaft rauschen
ist ein Glück und auch ein Segen,
weil sich Menschen so erregen.

Sommerwind haucht durch die Linden
während sich zwei Menschen finden,
überall schon starke Triebe
und im Garten blüht die Liebe.

Daniela Panteleit

unser weg

wir zwei
wir waren unvermeidlich
von etwas auf den weg geschickt
und aufeinander zu

so lang
so dauerten gezeiten
wenn eine seele kam und ging
und einfach nicht verstand

und nun
nun kreisen wir gemeinsam
auf unsrer bahn an jedem tag
und sehen der liebe zu

Susanne Wewers

Durch dich

Vorbei die Zeiten voller Schmerzen!
Vorbei die Klage!
Die dunklen Tage
verwandeln sich in helles Licht.
Entflammter Feuerball im Herzen
löscht Tränen fort
und nährt sich dort,
wo LIEBE aus dem Herzen spricht.

(für Christian)

Stefan Krüger

Der Rosenbusch

Ich bin dir grün!
versprach die Rose leise
im schlichten Blühn
und doch in einer Weise,

die mir viel Trost gab und viel Kraft:
Sie würde auf mich warten.
Ich habe vieles nur geschafft,
weil sie mir wuchs im Garten.

Daniel Dölschner

Was Früchte trägt

Ich könnte dir mit großer Mühe
einen Apfelbaum ausgraben –
der Anblick seiner Wurzeln
würde dich bestimmt
zum Staunen bringen

Dann aber könnte der Baum
nicht mehr wachsen
weshalb ich ihn lieber stehen lasse
und dir immer seine Äpfel pflücke

Anne Laubner

nähe

ein verloren geglaubtes atom
fügt sich ins kosmische chaos
ersehnt sich einen tempel
aus schmerz und leichtigkeit
verschmilzt mit den worten
die du zaubertest
schmiegt sich in deinen
warmen körper des
summenden
universums

Inga Rüders

Sternenstaub

Siehst du mich glitzern?
Mein Wollen ist Sonne –
Und Goldluft atmet in meinem Bauch.

Ich hüte die Feuer
Schenk sie dem Leben –
Und spiel dir die Gottheit unter die Haut.

Kugel mein Herz
An den Rand deiner Seele –
Und spiele mit dir im Sternenstaub.

Vincent Fröhlich

Unbeschwert

als die Tage kein Ende hatten
wir endlos lebten
liebten und lachten
sangen wir immer neue Melodien
alt bekannter Lieder
färbten unsere Stunden mit kitschigem rosa
Glück
lachten und scherzten
gleitend in Wassern mühelos

die Nächte keinen Schluss
die Türen des Glücks immer geöffnet
man sich immer halten konnte
niemals es zu spät war
um den anderen an der Hand zu fassen
sagend: zusammen

schienen der Mühsal Qualen plötzlich alles wert
scherzten wir und liebten wieder
bis die Tage aufs Neue grenzten
und die Uhr wieder gefunden ward

Martin Lemmer

Vier Sommer.

Lass uns
in unseren Körpern überwintern
ich in dir
du in mir

Bis wir im nächsten Sommer
uns wieder finden
ich in dir
du in mir

Uns erwachend
endlich endlos binden
uns erweckend

Im Flügelschlag
von Sinnlichkeit & Schmetterling
vor dem nächsten Leben

Lieben, wir,
wieder findend, uns,
ich in dir
du in mir.

Herbst-Impressionen

Peter Wayand

Abendstimmung

(für alle unglücklich Verliebten)

Grüß Gott, es will nun Abend werden,
Und alles Leben auf der Erden,
Ob groß, ob klein, ob lang, ob breit,
Verfällt des Morpheus' Ewigkeit.

Verlassen, scheinbar voll und ganz,
liegt Gottes Welt im Sternenglanz –
Und über aller Schöpfung sacht.
Liegt eine helle Zaubermacht.

So stehet still und spürt der Herzen Schlag,
Lasst Euch entführen bis zum nächsten Tag,
Seid voller Wärme und voll Dankbarkeit.

Die Liebe ist ein wilder hemmungloser Sturm,
In dem ein armer kleiner dummer Wurm,
Gar manches Mal sein klagend' Liedchen singt.

Martin Werhand

Die 7 Todsünden der Partnerschaft

1. Todsünde
GEWOHNHEIT ... sie beleidigt die *Liebe!*
2. Todsünde
ABHÄNGIGKEIT ... sie versklavt die *Liebe!*
3. Todsünde
EIFERSUCHT ... sie dominiert die *Liebe!*
4. Todsünde
SCHEINHEILIGKEIT ... sie betrügt die *Liebe!*
5. Todsünde
MIßTRAUEN ... sie untergräbt die *Liebe!*
6. Todsünde
UNDULDSAMKEIT ... sie nötigt die *Liebe!*
7. Todsünde
SELBSTMITLEID ... sie bedauert die *Liebe!*

Rüdiger Britten

Dringlichkeit

Zwei Linsen, die sich voneinander entfernen-
zwei Schüsse, ein Motiv,
Zwei Hunde verharren sich beschnuppernd
in ihrer Bewegung.
Zwei Freunde suchen unter einem Baum
nach Kastanien.

Zwei Enten schnattern um die Wette,
Zwei Liebende küssen sich im Park,
Zwei Häuser stehn sich nebenan,
Zwei Autos hupen, los, voran!

Marc Dalloul

So nah

Wo ich nicht mehr wußte
Ob es meines war dessen Pochen ich in mir spürte
Ob es meine Hand oder Deine
Die unseren Körper fühlte
In dem sich unsere Seelen fanden
Und des anderen Herz als ihr Heim erkannten
Durchliebten wir die Nacht
Atmeten in Küssen die Luft aus unseren Lungen
Bis erschöpft war unsere Kraft
Bis der nächste Tag erwacht
Uns mahnte

... einer anderen Welt, die von der Zeit bewegt.

Gunhild Hotz

Geheimnis der Liebe

Fast lautlos legt auf meine Seele sich
ein ew'ger Augenblick, verweilt im Stillen,
rührt an mein Herz, verwandelt zaubernd mich,
umgibt mich jäh, fernab von jedem Willen.

Was hier vernehmbar zwischen Dir und mir,
in keine Worte ist es je zu fassen,
es kann mein Blick von Deinem nicht mehr lassen,
aus Ich und Du erwächst ein zartes Wir.

Die Augen schweigend bald herab sich sehnen
auf stilles Glück in tiefer Einigkeit,
sich spiegelnd in den silbrig-heißen Tränen.

Es läßt des Herzens sicheres Geleit
die Seelen friedvoll aneinander lehnen
in eng umschlung'ner trauter Zweisamkeit.

Stefan Krüger

Liebe macht blind

(für Barbara und Thomas)

Ich wurde mit Augen geboren,
und sehe mit diesen ganz prächtig.
Doch bin ich bis über die Ohren
in sehnender Liebe verloren,
bin ich meiner Sinne nicht mächtig.

Dann stolpere ich durch das Leben,
verfehle den Boden und meine
in liebende Arme zu schweben;
nur falle ich blindlings daneben
und bleibe verdattert alleine.

Es war niemals leicht, sich zu binden,
denn in den romantischsten Stunden
läßt Liebe so manchen erblinden.
Wohl denen, die dennoch sich finden!
Wohl euch, denn ihr habt euch gefunden!

Meinolf Finke

Die Liebenden im Garten

Ein Liebespaar, sich zugewandt,
steht starr und nackt am Wasserrand,
es ist ein Tümpel mit Teichrosen,
wo sich Liebende liebkosen,
es sieht so aus als ob sie wüßte,
daß er ihr gleich die Wange küßte,
sie streckt die Arme ihm entgegen,
sehr zärtlich lächelnd seinetwegen,
doch ist auch er, der gerne küßte,
nur eine schöne Mamorbüste.

Eva Herold

Immer wenn du fort bist

Immer wenn du fort bist,
erinnere ich mich an Dich.
Und hoff', daß Dein Verschwinden
nicht für immer ist.
Ich hab' Angst vor dem Tag,
an dem ich Dich nicht mehr vermissen werd'.
immer wenn du fort bist.

1 Oktober

Alexander Simm

Das Katzenjahr

Der blätterbunte Herbstwind treibt verstreute Gäste
im abendroten Feuer schattig vor sich her.
Verwehte Düfte lang vergangner Sommerfeste
entklingen schwach im leeren Sonnenwehenmeer.

In grauem Blut erglüht des Asphalts heller Spiegelschein,
der deinem Götterschritt nun ängstlich weicht.
Mit stolzem Blick, der sacht mein Staunen streicht,
eroberst du und fegst mein müdes Herzen rein.

Kein Wort stört ihr vertraut leuchtendes Haar,
das meinen wilden Körper schlangengleich umringt,
in schwarz entbrannten Sternenhöhen schwingt
mein Herz, der Feuerdrachen - Wunderbar!

Ein blauer Morgen folgt der eng verbrachten Nacht
und scheucht die letzte Flammenglut davon.
Ein Kuss, ein Abschied, Liebe und Leb Wohl
im tauen Gras der kühlen Dämmerstrahlenschlacht.

Ihr Sonnenleib verliert sich im diffusen Licht,
verlässt mich mit dem scheuen Tag Erwachen
und einem späten Sommerlachen,
das nun dem winternahen Herbst gewichen ist.

Werner Moskopp

Kuß

Die kleinen Gesten zwischen Kuß und Kuß
Wie unbedeutend sie verblassen

Wenn dein Mund sich zu mir senkt
Der ungehauchte Atem streicht
Und eine Weiche deiner Lippen mich berührt
Benetzt, aussaugt und hält
Bis in die Morgengrauen.

Das Welten zwischen Kuß und Kuß ...
Wie unbedeutend es verblaßt.

Dominik Steinruck

Linguistische Liebe

„Du bist schön!"
Das sag ich vehement,
man nennt das Subjekt-Komplement.
„Ich find dich schön", derselbe Zweck,
nur diesmal ist es fürs Objekt.
Ich weiß, dass dich das wenig ziert,
drum wird das „schön" intensiviert.
Da kann man den Partikel setzen, „sehr"
doch komponier ich dir noch mehr,
denn es soll sich wirklich lohnen,
und so verbind ich Adjektiv und Nomen:
„Du bist wunderschön" –
Die Paraphrase zeigt wie's wirklich ist:
„du bist so schön, dass es ein Wunder ist"
Jetzt will ich das noch konvertieren,
und das Kompositum neu klassifizieren,
„die Wunderschöne", in der Tat,
dich meint dies kleine Derivat,
und trotzdem lässt's sich nicht vermeiden,
dieses zweimal noch zu steigern,
und so wirst du in kleiner Zeit
die „Wunderschönste" weit und breit.

Anne Laubner

wenn du

wenn du nicht da bist
gibt es mich nicht
kann ich nicht ich sein
mich in mir wohl fühlen

wenn du nicht da bist
bin ich nicht mensch
bin ich unter dem meer
stund um stund das zählen zerreißend

wenn du nicht da bist
bin ich nicht hier
sind wir fremde
die ein zuhause suchen

wenn du da bist
bin ich nicht du
bin ich
ich durch dich

Holger Riedel

Aus der Ferne

Die Dunkelheit hat sich heut zu mir gesellt.
Ich glaube, ich würde jetzt gerne
Hinaus aus der Enge der einsamen Welt
Auf einen der anderen Sterne.

Da war ich und sah nun von oben hinab
Auf Freunde, Verwandte und dich.
Sie schienen so haltlos und waren fern ab
Von meinem verlorenen ich.

Ich sah aus der Ferne gar zierlich und klein
Die greifbare Gegenwart liegen.
Sogleich glich mein Herz einem bleiernen Stein,
Zu schwer, um nach Hause zu fliegen.

So fern wie die Weite, so ist auch das Glück.
So weit war es niemals von mir.
Ich wünsche die Enge der Erde zurück
Und mit ihr die Nähe zu dir.

Daniel Dölschner

Halt

Was ich am meisten
an mir mag
sind deine Hände
die mich halten
damit ich
einen Halt habe

Was ich am meisten
an dir mag
sind meine Hände
die dich halten
damit ich
einen Halt habe

Susanne Wewers

Ge(h)nie!

Schutzlos schützend
Wunschlos erfüllend
Ballast verhehlend
Freiheitlich strebend

Der banale Zauber
So bist du –
Ge(h)nie!

Patrick Klein

Die Liebenden

Wenn's wieder mal an Regentagen
Uns an's kleine Zimmer bindet
Und die Eine all der Fragen
Tief im Innern uns verbindet

Wenn Deine Tränen ihre Routen
Wie aus meinem Herzen gehen
Und wie tausend wilde Fluten
Mich aus tausend Augen sehen

Wenn, ach, die höchste aller Wellen
Aus dem Nichts als jähe Glut
Will auf uns hernieder schnellen,
Wie Vampire auf das Blut

Dann schauen fragend sich Gesichter
Gegenseitig lange an
Jeder wird des andren Richter
Und sie fang'n von vorne an

Wir wissen beide nicht, woher
Dieser Schauer stammen mag,
Der uns oft und immer mehr
Grämend im Gemüte lag

Doch wissen wir um dies Geschick,
Das uns wohl zusammenhält:
Beide sind wir ohne Glück
Gebor'n in einer fremden Welt.

Saskia Ziegelmaier

Dein Blick zurück auf Jahreszeiten

Ein tanzender Reigen aus
bunten Luftballons, rote, grüne und gelbe –
Dein Blick strahlt und lässt sie
frühlingsfrisch emporschweben
in Freiheit gefesselt an
Kärtchen unserer Sehnsucht.

Türkisblaue Wellen tänzeln auf weißem Sand,
kristallklar schimmert der hitzige Sonnenstrahl.
Du liegst bewegungslos, regungslos,
Dein Blick fängt die Momente ein
und verschickt sie als Postkartenansicht.

Feuerroter Blätterrausch,
in schwarze Holunderbeeren getaucht,
an die herbstwarme Backsteinfassade lehnen sich
Sprossenfenster wie ein Zaun.
Du blinzelst ins Herbstlicht
siehst mich lange an:
Was wird Dein Blick wohl am Ende
unseres gemeinsamen Winters sagen?

Thorsten Libotte

Qual

Drei Worte sind nicht schwer,
du wünschst sie dir gar sehr.

Unerträgliche Schönheit füllt das Zimmer,
ich sehe dich jedes Mal neu – wie immer.

In deinem Duft baden, tauchen,
ich möchte sie schreien, hauchen.

Mein kleines Herz, das überquillt,
dein Kuss, der Durst stillt.

Tränen in meinen zitternden Augen,
Schmerz und Freude, die mein Herz aufsaugen.

Vollkommen wie das Mondlicht,
doch die Worte – kommen nicht.

Roberto Isberner

fast noch sommer

hatt' ihn grad noch an der leine
konnt' in ihm spazieren gehen
spürte aller tage dinge, kleine
konnt' auch enten auf dem wasser sehen
nachts gehemd im park noch stehen
dazu mein abendwind, der reine

aber langsam ist es kühl geworden
zwischen elbe und rhein
zwar dämmert's schön an diesen orten
und ich weiß, es muss so sein

doch fehlt mir vieles dieser stunden
jetzt schon, wo's grad erst endet
kein feuer oder meer wird mehr gefunden
schon vorher hat kälte die nacht gepfändet

gerade jetzt in diesem augenblick
wo rot und blau zu sternen werden
wünsch' ich mir heimlich vom sommer ein stück
um damit ein wenig glück zu bergen

Melanie Krinke

Rolle

Umgeben von Knotenfeldern
Suchst Du einen Weg in Dein Lichtspiel.
Tauziehen beginnt.
Jedem ein Ende, an dem man
Festhalten kann.
Unbekannte Zuschauer zerren mit
Neu entdeckter Leidenschaft
An Dir.
Der Filmsaal erstarrt.
Du kämpfst noch um Deine Hauptrolle,
Als der Abspann schon beginnt.

Vincent Fröhlich

Liebeswaage

in Deiner Wertigkeit
bin ich wohl wertlos
und Du versuchst es immer wieder
das Messen von mir
an mir
sehe ich
Deine prüfenden Küsse
Deine erfühlenden Hände
nach jeder Unebenheit
jeder Ungereimtheit

gelegentlich passt Du nicht auf
durchzuckt ein Zucken Dein glattes Gesicht
wenn Du wieder geschätzt
wie weich meine Seele
wie ernst meine Liebe
wie zerbrechlich mein Leben

in Deinen Worten
wiegst Du meine
die Schlagfertigkeit
wenn ich denke
ich müsste streicheln, flüstern und schleichen

sehe Dich nachts mit Deiner Waage durch mein Zimmer gehen
und bitte Dich: lass mich gehen
denn das Längenmaß in Deinen Augen
versperrt mir zuletzt ihre Schönheit

Inga Rüders

Rosenknie

Immer hab ich mich
Vor eurem Kreuz gebogen;

Meine Füße wund
Von eurem Steineweg.

Immer hab ich mich
Aus rotem Sand gezogen;

Meine Hände alt
Vom leeren Zeitengriff.

Tropft kein Blut mehr nun
Aus meinem Dornenherz -

Meine Rosenknie
Nicht länger vor der Männerschar.

Frank Findeiß

Der unsichtbare Schmerz

Der Stein des Anstoßes ist gegenwärtig
Schon ein Wort bringt ihn ins Rollen
Du weißt, ich war mit Dir nicht fertig
Noch bebt ein leises Grollen
Mein Unverständnis scheint ein Fluch
Dein Verhalten ist Belieben
Bist wie ein offnes Buch
Das in kryptisch steht geschrieben
Mangel wird nicht aufgefüllt
Der Drang geht glatt ins Leere
Unausgesprochnes bleibt verhüllt
Es ist des Schicksals Schwere
1000 Worte könn's nicht fassen
Selbst der Ansatz greift es nicht
Die Wut, sie möchte hassen
Denn nur vergeben ... wär' zu schlicht
Doch siegt die innere Einkehr
Die das Moment im Nu entschärft
Weil Jähzorn viel zu sehr
Die eignen Wesenszüge nervt
Es bleibt ein starkes Sehnen
Der Sog, der an der Seele zieht
Mentales Überdehnen
Dem nur Zerstreuung noch entflieht
In mir die ungenutzte Kraft
Die umsonst die Segel streicht
Wie oft hab ich mir Mut verschafft
Und Dich niemals erreicht
Weder kann ich mich dem fügen
Noch stell ich mich an den Pranger
Würd' mir in die eigne Tasche lügen
So bleib ich hoffnungsschwanger

Simone Brühl

Warten

Warten bis du entscheidest
Was ich will

Warten bis deine Lippen
Meine Gedanken – Worte sprechen

Warten
Auf das du mich entscheidest

Daniela Panteleit

wo gehen wir heute hin?

wir sitzen hier seite an seite
lassen die zeit vorübergehen
die stille steht zwischen uns
wie eine anstandsdame

wir sehen so traurig aus
dass selbst cupido weinen möchte
die zeit rennt uns davon
doch kümmerts uns?

denkst du, dass wir immer nur das waren
was die leute „verliebt in die liebe" nennen?

was wollen wir heute machen, mein liebster?
wo gehen wir hin, hand in hand?
was sollen wir heute machen, mein liebster?
ich gehe mit dir zu jeder zeit überall hin

ich seh wie du ertrinkst
und ich kann deine hand nicht erreichen
warum weinst du nicht so sehr
wie ich?

ich weiß nur eins:
unsere seelen haben sich einmal berührt
um gleich danach wieder
getrennte wege zu gehen

Martin Lemmer

synthesen.

wasser der zeit.
halbes vergessen.
die briefe eines ovid.

die liebe
zwischen den
zeilen & zellen.

atem des gottes.
ewiges salz
vom roten meere.

oder vielleicht
auch der nächtliche
kuss kassandras

im schatten
der
lebenslinien.

Martin Werhand

Kismet

Wenn der Ur-Instinkt verweigert seine Pflicht,
Der Navigator sein Handwerk nicht versteht,
Der Gefühlskompaß Pirouetten dreht ...
Und sich ohne Peilung dem Hades verspricht,
Dann beweint Venus Deine Zukunftsaussicht
Auf Liebe – denn sie wird vom Winde verweht!

Die falsche Losung im karmischen Gepäck,
Macht mit Träumen im Leben kurzen Prozeß.
Kein AVE MARIA einer Stewardeß
Rettet die Seele vor einem Schicksalsleck.
Fünf der Sinne im seismographischen Streß,
Der -*Sechste*- mit Zielkurs ... BERMUDA-DREIECK!

Cindy Vogel

Geschlossener Kreis

Filigranes Geäder
Unstrukturierter Gedanken
Verstrickt sich hoffnungslos verwirrt
In wiederkehrenden Endlosschlaufen
Ruheloses System
Nicht endenden Flusses
Anfang und Ende wurden Eins
– Hoffnung liegt im Bruch der Verbindung

Martin Evels

Die laute Stille

Das Lachen ist gewichen
und der Schmerz schreit
lautlos,
lautlos und immerfort

Wie fern ist Deine Stimme
schon solange,
aber verlassen
hat ihr Echo mich nicht,
nimmer nicht

Die Träne,
sie rollt nicht mehr,
vergangen aber
ist sie dennoch nicht

Deine letzten Worte
sollten beenden
und erschufen,
gebaren diese laute Stille,
die nun herrscht

Anne Laubner

Was es ist

Es ist nicht der Winter, der sich ankündigt,
wenn raunende Blätter wie Schuppen zu Boden schweben
und die Endgültigkeit in einer einzigen
Berührung mit dem frisch geschaufelten Erdengrab
ihren Anfang findet.
Gelb, Rotbraun nennen wir sie, deren Namen so
schnell verwesen, dass sie unsere Rufe nicht vernehmen.
Es sind nicht die Schreie der Zugvögel, die
den Abendhimmel als Speerspitzeneinheit durchreißen
und doch ziehen, ohne mein Herz gestreift zu haben.
Auch nicht die Iris des müden Auges, des
sterbenden Auges, dessen Farbenmeer verborgen bleibt,
sobald der Tag anbricht.

Es liegt auf deinen Lippen, in deiner Stimme.
Es fällt aus deinen Händen und entgleitet deinen Lidern.
Ich wusst's. Denn es ist Abschied.

Alexander Simm

Wahrer Mut

In morgendlicher Stille sitzen zwei und schweigen,
doch ahnen sie des Anderen Gedanken fast.
So nah und doch zu fern – die schwere Last
lässt sie ihr wildes Herz nicht zeigen.

Ihr Schweigen überlügt das Toben tief in ihnen,
das rasend schier den Rippenkorb zerfetzt.
Sie haben längst die frohen Masken aufgesetzt,
um Trauer zu verstecken unter starren Mienen.

Dem blinden Wort folgt nur ein stummer Blick.
Das letzte Lebewohl erstickt mein Feuerherz.
Sie ziehen lassen! Welch' ein Schmerz!
Doch sie zu kennen, welch ein Glück!

Eva Herold

Erkenntnis

Auch wenn die Erkenntnis
In meinem Herzen sticht
Du bist schwer und doch zu leicht
Zu nehmen für mich

All die geborgenen Schätze
Versinken so leicht
Wieder auf ihre Plätze
Und bleiben unerreicht

Christiane Weiner

Von Sehnsucht geblendet

Wort, das die Leiden endet.
Offenheit, die die Seele schmerzt.
Nichts, dass das Blatt noch wendet.
Trauer, über die man nicht scherzt.

Hand, die zu halten versprach
stürzt wissend ins dunkelste Grab.
Nichts jetzt zu trösten vermag.
Hoffnung, die im letzten Licht starb.

Wort, das die Leiden endet,
endet des Wunsches schönen Schein.
Von Sehnsucht so geblendet
glaubtest du nicht einsam zu sein.

Christoph Sommer

Zwielicht

Blauer Fleck an der Wand
Von dem Tropfen niedersinken auf meine Seele
An der Wand herniederrinnen
Mein Herz durchschneidend

Wasser steht unsichtbar in der Luft
Der Sonnenschein ist trügerisch

Ich trage den Kerzenleuchter
Dem Sonnenaufgang entgegen

Tau rinnt von einem Blatt
Wie eine Träne längst vergessen
Zu spät doch immer noch langsam

Im Stuhl ist ein Sprung
Doch ich setze mich
Und strecke mein Bein
Lege meinen Fuß in den Türrahmen

Stille
Nur die Kerzen flackern
Im leisen Wind
Der sich streichelnd um mich windet

Und der Baum senkt seine Äste
Zu begrüßen den Morgen

An dem es graut
Doch die Sonne nicht scheint

Melanie Reinartz

Wie ein Regentropfen

Am liebsten wär ich ein Regentropfen,
Denn der ist niemals allein.
Irgendwo in der Nähe weilt wohl eine Pfütze,
Zu der ich mich gesellen kann.
Und ein Regentropfen ist niemals schwach,
Flüsse reißen Städte nieder.
Wäre ich doch nur ein Regentropfen,
Könnte ich nicht im Meer des Wahnsinns versinken,
Kein erbärmlicher Tod wäre mein Schicksal.
Ich müsste keine Heldentaten verbringen,
Die niemand zu vollbringen vermag.
Wenn ich ein Regentropfen wäre,
Mein Herz hätte keine epileptische Attacke,
Die nie zu enden droht.

Entgifte mich von deiner Liebe,
Entlasse mich aus der Folterkammer.
Willst du mein Henker sein?
Ich will nur ein Regentropfen sein.
Ich will, dass du mich ausweinst.

Holger Riedel

An die Welt

Morgen, weiß ich, wird dein ich verblassen
Und dann endlich werd ich von dir lassen,
Bald schon werde ich der Alte sein.
Unheilvoll verweilt, was nicht verschwindet,
Was mich unaufhörlich zieht und bindet
An den schonungslosen schönen Schein.

An die Welt vermag ich nichts zu geben.
Heute will ich nur noch so nicht leben,
Was mein Herz nicht weiß, weiß nur der Wind.
Auf den letzten unerforschten Wegen
Werf ich meine Tränen in den Regen,
Weil sie dort bei ihresgleichen sind.

Du, der einst noch Träume tanzen konnte,
Siehst nun nichts als leere Horizonte,
Unerreichbar und für immer fort.
Kein Verstand vermag dies zu verstehen
Und kein Wind es einfach zu verwehen.
Liebe ist ein großes, fernes Wort.

Kathrin Raab

Spuren

Du hast Spuren hinterlassen.

Eine Träne zu viel geweint.
Steter Tropfen höhlt den Stein.
Tiefe Falten um die Augen.

Ein Herzklopfen zu viel gehabt.
Aus dem Rhythmus gebracht.
Das Stolperherz ist geblieben.

Ein Schmetterlingsflügel im Bauch zu viel geschlagen.
Flaues Gefühl im Magen.
Magengeschwür.

Eine Schneise der Verwüstung
Bleibt hinter dem Tornado zurück
Der über das Land gefegt ist.

Er trägt deinen Namen.

Frank Findeiß

Geopfert

Eines Tages stellt ihr euch selbst an den Pranger
Oder werdet bloß gestellt
Viele sind schon ausgebrannt
Vom sexuellen Holocaust

Die Kultivierung der Entfremdung
Hat Maßlosigkeit vorangetrieben
Leidenschaft willKür
Vernunft jedoch will Pflicht

Noch frönt ihr der Gunst der Abgeschiedenheit
Im warmen Nest der Desillusion
Anonyme tauschen Pseudonyme
Namen sind wie Schall und Rauch

Unterwerfung erfährt eine neue Dimension
Von Selbstverachtung keine Spur
Ein benommener Habitus macht sich breit
Und nimmt die Ächtung in Kauf

Sprache dagegen kein Blatt vor den Mund
Dem entspringen nur sinnlose Laute
Die vor Wohllust leise verstummend
Die Ohnmacht des Daseins verkünden

Thomas Bruns

Phönix

Der Schmerz zerfrißt mich jeden Tag
gräbt sich tief in meine Seele
daß ich den Kopf nicht mehr zu heben wag
und jeden Sinn in mir verfehle

warum entbeint der Schmerz mich so
die Narben glühen und pulsieren
platzen, brennen lichterloh
und mein Herz droht zu erfrieren

nachdem die Asche ausgebrannt
die mich einst so stolz ernährte
meine Seele scheint verbannt
folgte einer falschen Fährte

Stolz und Hochmut sag ich dir
sind der Fährmann ins Verderben
in Hades Augen schäumt die Gier
lacht, auf deinem Weg zum Sterben

die Asche säumt ein glühend Funken
ein Schwert das nicht geweiht dem Hiebe
entsandt zum Kampf der Nacht entsunken
geschmiedet aus der Liebe

Christoph Sommer

Die Verfluchten der Liebe

Es ist Sonntag
Wir trauern um unsere Toten
Die wir getötet haben
Um sie nicht begraben zu müssen

Aus den Nüstern des Drachen
Quillt Rauch in die Höhe
Durch seine Zähne schneidet die Luft
Wenn er die Lampe besingt
In seinen Schuppen spiegelt sich
Rot

Deine Herrlichkeit
Ist eine Offenbarung
Wenn du neben mir sitzt
In der Masse der Toten

Martin Werhand

Liebesmond

Gelb und grimm zur Mitternachtsstund'!
Der Waise leert sein Licht
zyklopengleich ins weite, breite Rund
und durch Fetzen aus Argwohn
schimmert sein ranziges Gesicht
von Furchen und Kratern wund
auf ein Paar, daß ganz wie zum Lohn
sich gleich der Treue verspricht,
als wär' dies Hormon ohne Fron.

Das Menschenherz gebrannt aus Ton,
ach, ER weiß es wohl – taugt nicht –
Rot zuckt es – klatscht bald wie der Mohn,
überzieht die Welt mit Schund
und Hohn, jedoch verweilt es schlicht
als Kadaver mit der Kron'
des Narren! So sticht er zu der Bund
mit messerscharfer Ein-Sicht.
– Graue Narben tun es uns kund!

Inga Rüders

Nadelöhr

Die Zeit wohnt in meiner Westentasche
Das Atmen schlägt in meinem Kleid
Das Denken trinkt mir von der Brust.

Kein seidener Faden für meinen Saum
Kein Fell das mit Hiob verschwimmt.

Wenn wieder ein Beinpaar vergeht

Und mein Herz durch ein Nadelöhr.

Melanie Reinartz

Der Pflaumenbaum

Tränen weint die Wolke,
So bitter auf des Bodens Saat.
Der Wind haucht die Erinnerung,
Dass mein Knochenmark erfriert.
Die Berge schreien Liebe,
Der Gesang zerfrisst mein Fleisch.
Die Hölle speit den Kuss nach mir,
Dass die Galle mich verglüht.
Nun liegt des Leichtseins Schwere
Drohend auf meinem Pflaumenbaum.

5 November

Werner Moskopp

Die abgeschmackte Liebe der Vernunft

War auch der nachte Weg der Strecke nach gering,
So hebt sein Segen an, mich noch in seine Wonne einzufassen,
Und all die Sehnsucht, die mich dort befing –
In deinen Armen hinzusinken,
Die blauen Flecken heil zu küssen –
Verweilt noch stark genug, mich auch am Tag sehnen zu lassen.

Wär ich nicht ich, dies zarte Fühlen nicht mein Selbst,
So hätt ich dir eröffnen mögen, daß ich dich zutiefst begehre,
Und all die kahle Denkheit, die mich hälbt –
Nicht Verletzung zu riskieren,
Keinen Schmerz zu schüren –
Fiele starr zugrund, und lüstern einten wir die Schwere.

Warnt auch die blanke Schönheit vor der Missetat,
Sie durch der Worte stanken Schmutz zu malträtieren,
So hatte Apis schnaubend einen Staubherd aufgescharrt –
Sein Stampfen heißt Zerstörung,
Das Joch des starren Blicks –
Entfällt der Wert, gefällt der Glanz, zerfallen im Berühren.

Wahrhaftig ward der Tanz der sanften Züge stets in mir gespürt,
Klar und deutlich duftet noch dein Haar, zu andrer Zeit,
So hätte Lapis glühend dir den Augenschlag verziert –
Erhoben über Schlichtes,
Vornehm prangend –
Die Perle der ursprünglich rippen, gottgewollten Weiblichkeit.

Warm noch von zerfloss'ner Hand biet ich dir diese triangalen Rosen,
So kränz den Liebreiz und die ganz besonders lockende Gestalt
Und diese Anmut, wenn du lächelst und die Schatten sorglos tosen-
Windend sich verzehren,
Spielend dich umfangen –
Verpfände Mimis' trübe Sicht auf illüströse Lenkung der Naturgewalt.

Ach!

Und wie der Weg – und wie der Staub und nochmals nochmals tiefe Pein
Empor-, hinfortgetragen mit dem Hauche deines aphroditen Bildes –
So steh ich doch, so falle ich, zurück ins triste, mangelhafte Sein –
Blutleer doch – der Sehnsucht bar –
Und suche torkelnd nach dem Trutz
Und Hiebfang deines mantlen Schildes.

Cindy Vogel

Hinter der Wahrheit

Seelenlose Schatten
Träumen gedankenschwer
Von einer Zukunft aus Glas
Kristallene Fassaden
Gebaut auf dem Dunkel der Zeit
Ragen empor
Hinaus aus einem Grab
Dass bald unser aller sein wird
Nur ihr Werk bleibt durchschaubar
Sie selbst tauchen den wahren Hintergrund in edles Schwarz
Nur ihre Krawatten verraten dass die Schlinge sich zuzieht
Erkennen werden wir sie nur
Wenn wir uns fragen woher sie kommen

Melanie Krinke

Farben

Für kurze Zeit waren Deine Augen
Ein offenes Tor zu etwas, das ich gern
Sehen wollte! Doch Deine Wahrheit
Ließ Dich verschwinden, auch Du hast
Angst davor, dass Dir Dein goldener
Kessel gestohlen wird.
Gibt es einen Regenbogen
In Deiner Welt? Ich glaube,
Ich habe einen gesehen, er
Hatte zwei Farben – schwarz
Und weiß – viele Risse und
Nur, wenn man ganz genau hinsah,
Konnte man die schwachen Schatten der
Farbabstufungen sehen, die ihn
Einst schmückten!
Wofür hast Du sie nur
Hergegeben – Deine Farben?

Christiane Weiner

Zerbrochen

Zerbrochen
so scheint mir
der Bleistift
in meinem Herzen

Zerbrochen
in zu viele Stücke
und keines
noch schreibt

Zerbrochen
in leere Hüllen,
Inneres
fehlt

Zerbrochen
eine unzerbrechlich gewähnte
Liebe –
ohne Gewinn

Zerbrochen
still wie Staub
so leise –
dahin

Thomas Bruns

Schicksal

In meinem Innern schläft tief eine Schuld
war zu früh zu schnell die stete Ungeduld
beenden wollt ich's uns beiden
doch tief in mir genoß ich das Leiden
das Zerren und Ziehen der trostlosen Welt
in der meine Seele jetzt nichts mehr hält
bin nur noch ein Streuner auf mich gestellt
versuch Liebe zu geben der ganzen Welt
um zu beenden ein nutzloses Leiden
was meine Gier zerschlug bei uns beiden
drehten uns beide auf den Kopf
packte das Schicksal fest am Schopf
waren Eins, ich vergaß viel zu schnell
was man vergißt wenn das Licht strahlt zu hell
um es zu Halten fehlte mir der Mut
es brannte in mir die unbewußte Glut
der fehlenden Wahrhaftigkeit
und nur die Sehnsucht nach Freiheit
was dieses Leben für Uns verbrannte
meine geliebte Seelenverwandte

Jenny Hörig

Luise und Ferdinand

Luise die Tochter des Musikus
Ferdinand der Sohn des Präsidenten
Verbindet ein
Zärtlicher liebender tödlicher Kuss
Die Liebenden
Luise und Ferdinand
Ihre Herzen vereint
Doch Kabale zerreißen
Das Band der Liebe
Die Triebe die Diebe der Liebe
Planen ein böses
Trauerspiel
Zwischen Luise und Ferdinand
Der trennende Stand
Und zuviel Gier nach Macht
Es wird Nacht
Die Liebenden umarmen sich
In ihrer Gruft
Hier sich wieder findend
Sterbliche Grenzen verschwindend
Niemand der sie hier zu trennen vermag
Niemand kann hier zerreißen
Das Liebes Band
Glücklich auf ewig
Verweilen hier Luise und Ferdinand

Martin Evels

angeboten, herzlich

Geister, ungerufen
ungebraucht
durchziehen die Nacht
Schubladen ohne Schrank'
welch logisch Angebot:
Schubladen
Wand für Wand

Herzen aus Asche
in Leidenschaft durchschlagen
durchströmt vom Rot
ungebremster als Wassersturz
durchgrabend Fundamentstein
Puls um Puls
Kammern voll Rot

Asche geistert
'schleiert Sicht
im roten Pulsen
Schlag für Schlag
logisch
Wand durch Wand
welch Kartenhaus

Blumenrot
Aschentod
aufwärts stürzt das Rot
durch Nacht ins Tag'
von Asche zu Strandsand
neues Angebot:
abrufbereit

Thorsten Libotte

Yasmin

Ihre Bewegung wurde eingefroren.
Etwas in mir wurde neugeboren.
Den Schwung der Haare kann ich sehen.
Kann sehen wie sie wirklich wehen.

Den Kopf geneigt, leicht schief.
Die Wangen strahlen intensiv.
Die dunklen Augen wärmen freundlich.
Der Mund leicht offen, weiblich.

Ein zarter Hals, der eine Kette trägt.
Ein Herz, das schneller schlägt.
Nur ein Gedanke hat die große Macht.
Wärmt mich in dunkler Nacht.

Julia Groth

Deiner zu gedenken

Sanftes Rot will nur mehr sein –
Seele webt ein lichtes Schimmern
Und in goldnen Mittagszimmern
Findet Tag um Tag sich ein.

Sehnsucht wohnt in tiefem Blau.
Weiße Blumen läuten leise.
Jahre ziehen blaue Kreise,
Hoffnungsgrab und Stundenschau.

Pappeln weinen braunes Laub.
Unter violettem Hügel
Liegen Scherben, modern Flügel.
Bald verweht und bald zu Staub.

Gunhild Hotz

Kreuzweg der Liebe

Es legt ein Dornenkranz sich um mein Herz,
umschnürt es fest in einem tiefen Schmerz,
den unheilvollen Pfeilen Amors gleich
durchdolcht mit seinen Stacheln er das Fleisch.

Wie rost'ge Keile sie im Fleische sitzen,
das Hoffnungsgift der messerscharfen Spitzen
umfluten Tränen tief im Herzensgrunde
aufschäumend nähr'n und salzen sie die Wunde –

Es legt ein Trauerflor sich um mein Herz
und Astern sprießen aus vernarbtem Schmerz,
ich trage mein gekröntes Herz zu Grabe,
nachdem vom Kreuze ich's genommen habe.

Peter Wayand

's ist November

(Betrachtung)

's ist November. Überall im Land
Herrscht Düsternis und Traurigkeit.
Die Freude scheint so lang, so weit;
Der Nebel steht wie eine Wand.

Mal regnet es – mit etwas Schnee –,
Mal ist es kalt, mal ist es warm,
Manch' Mädchen nimmt man in den Arm.
Versinkt im tiefen Augensee.

Man fühlt's, ein End' ist nah',
Und doch – man bäumt sich auf
Und wehrt sich gegen Schicksal's Lauf –

Und manchmal kann man sehen,
Dass vielerorten Menschenseelen wehen
Und flackern im Wind, bald fern, bald nah.

Frank Findeiß

Im Kreis

Nah und doch fern
Hier aber dort
Stets doch zu selten
Oft aber gar nicht

Meist doch zu wenig
Jetzt aber nie
Innig doch flüchtig
Eins aber zwei

Isabel Seifried

Herbstlied

Wie ein Blatt im Herbst,
Das durch die
Regennassen Straßen treibt,
Wie der Himmel, dessen Farben
Heller sind als sonst, es scheint:
Die Zeit steht still.
Das Bild
Von einer großen Liebe,
Nie endende Hoffnung
Fällt auf den Boden
Der Ratlosigkeit.

Ein Netz liegt im Wasser
Und giert nach dem Fisch,
Der nicht beißt.

Vielleicht irgendwann
War die Liebe schon da:
In Netzen gefangen.
Doch, was einem teuer und wichtig erscheint,
Das fängt man nicht ein,
Mit den Fesseln der Zeit.

Christoph Sommer

Gespenster zum Kaffeeklatsch

Süßer Rauch des Vergessens
Der tief in dir zu steigen beginnt
Kondensiert zu Trauer

Ich sitze nackt auf meinem Bett
Das Fenster ist geschlossen
Obwohl es geöffnet sein sollte

Keiner kennt den anderen
Gespenster treffen aufeinander zum Kaffeeklatsch

Vor mir brennt das Herz eines Mädchens
Ich sprach heute mit ihr
Es ist das einzige was ich von dieser Frau kenne

Ich lösche die beiden Kerzen
Um Dunkel über alles zu bringen
Doch am Morgen geht die Sonne auf

Saskia Ziegelmaier

Nebel und Schatten von Dir

In die Senke geschmiegt,
auswattiert, die feuchte Morgenkühle
still versiegt auf den Nebelfeldern.
Kühle Luftschwaden kriechen
die grüngesäumten Hügelketten entlang,
gleisend durchschnitten von
orange-gelben Lichtblitzen,
die die Sonne im Farbenmeer tanzen lässt.

Die Pappeln am Ufer nach oben
gebürstet, stemmen sich die Wasser ins Flussbett.
spiegeln in silbernen Grautönen,
das matt bläuliche Himmelszelt,
nieder auf einen Augenblick
unserer Lebenswelt.

Du in Gedanken verschleiert,
der letzten Nacht, schwindest
mit jedem Meter,
bevor der Tag erwacht.
Unser Abschied fließt
in dem ruhigen Fluss davon,
auf den ich regungslos blicke.

Melanie Reinartz

Die verdammten Lieder

Wind der Berge flüstert leise,
Echo verweht im Rausch der Zeit,
Lieder werden stumm und sterben,
Gehen blass ins Grab hinab,
Doch Licht ist nicht gelöscht,
Atmet weiter in der Tiefe,
Schlafend, schwach und fade,
Kränkelnd voller Zorn und Leid,
Doch lebt es,
Doch atmend,
Doch pulsierend in der Ferne,
Luft von Pest geschwängert,
Dennoch Luft,
Luft zu fliegen und zu sterben,
Luft zu tragen
Die verdammten Liebeslieder.

Werner Moskopp

Ruch des Vergangenen

In ihrem idealen Schein
so gefühlt ... so klar
entkleidet sich das Sein
dimensional ... so wahr
gestaltet sich zum Unverhangenen
im Ruch des Vergangenen

Die Welt entruht den Falten
ihrem wundersamen Gang
in ihrem zarten, luziphären Walten
erhebt das Wesen licht Belang
im Ausdruck des Versehenen
im Abruch des Vergehenden

Was sich so lange verbarg
im Ruch des Vergangenen
die Liebe des zum Einen Verlangenden
der Duft von dem honoren Ort
auf dem ihr Wänglein lag
auf dem ... ihr Wänglein lag

Daniel Dölschner

Gespräch unter zwei Augen

Manchmal
wenn du nicht bei mir bist
spreche ich mit mir selbst
um die Zeit zu verkürzen
bis wir uns wiedersehen

Doch je mehr ich mir
in solchen Momenten sage
desto öfter höre ich
wie sehr du mir fehlst

Marc Dalloul

Namenlos

Wo nur der Wind meiner Seele Abdruck nimmt –
Halte mit Deinen Händen mein Gesicht
Wo mein Herzschlag mich zu dir getragen –
Nimm mir meine Namen und
Erblicke mich
Ich erhebe was du versenkt
Habe bewahrt was du verschenkt
Deine goldenen Regeln überschreite ich
Und trage uns von hier fort.
Berührst du meinen Traum mit deinen Händen dort
Erfüllen seine Schwingen mich mit Deinem Klang

– Es wird dir gelingen wenn Du mich liebst.

Meinolf Finke

Das Ginkgoblatt

Ein Blatt fand ich in einem Buch,
gehüllt in feines Seidentuch,
zerbrechlich, trocken, fein und zart
war es dort lange gut verwahrt.

War es ein Geschenk der Liebe
oder deren erste Wiege
und wer war es, der vor Jahren
Glück im Leben hat erfahren.

Das zarte Blatt vom Ginkgobaum
stand für den alten Menschheitstraum
von langer Liebe, großem Glück,
es war Symbol und Wunderstück.

Die Zeit steht niemals lange still,
auch wenn ein Mensch das gerne will,
so bleibt nur die Erinnerung
an Glück, das war vor Zeiten jung.

Jenny Hörig

Bittersüße Erinnerung

Lauschen süßer Liebeslieder
Die Erinnerung entflammt
Sie geht durch Mark und Glieder
Auf meinen Busen deine Hand

Verloren wie Spuren im Sand
Erloschen unsere Glut
Von der zerreißenden Flut
Einst deine Hand zu meiner fand

Doch lange ist es her, Einsam
Das geht durch Mark und Glieder
Unsere Wildheit nun zahm
Lauschen süßer Liebeslieder

Martin Lemmer

Symphonie petite.

Erster Klang.

Schieb die Klaviere in den Wind,
auf dass die Noten bersten
im Licht der Zeit, als Feuer will ich
sein der Tropfen einer Note,
die erst noch zu schreiben ist, auf
deiner Haut nach dem Tag
der Stimmung meiner Sehnsüchte.

Zweiter Kuss.

Die Luft soll tragen mich zu dir,
meine Gedanken verbrennen,
verzehren mich in einem Kuss,
den du mir schenkst, mir ein
Zuhause in deinem Nabel dann
erzählen, als ich in dir starb,
nach dem Regen, der fallen mag,
geschwängert von uns, und in
der Leidenschaft meiner Seelen
ferner Seen und Sterne nun
leben als Supernova eines Engels.

Dritter Morgen.

Keine Gedanken, nichts, nur Stille in mir,
erschreckend weiße Ruhe,
will lieber schwarzes Pech sein in einer
Nacht des Schreibens, meine
Gedanken zu Farben münzen, die Magie
dann erschrecken, ich nun
Asche in deiner Hand, silberner Regen,
denn du bist das Feuer,
das mich geliebt, das mich gehasst,
das mich gemacht, das mich verbrennt.

Susanne Wewers

Liebeszeit

Dein Gesicht – aschfahl
Gewichen der Glanz deiner Augen.
Leuchtend das Signal –
Rettung
Vor dem
Untergang.

Zerrissen das Fundament meiner Seele:
Magnetisch zu dir hingezogen
Abgestoßen durch meines Herzens Last –
Verschmelzung
Unser beider
Wunsch.

Unsere Liebe – vergraben und matt
Vehement nach Auferstehung schreiend.
Blinzelnd der Funken –
Hoffnung
Durchströmt unser
Sein.

Daniela Panteleit

verwundet

die angst vorm gehen
deinem letzten schritt
du rufst das taxi zur himmelspforte

ich halte deine blasse hand
und fühl die grenzen
sie zerstauben

und alles, was gewesen
ist mit einem mal
ein nichts

die angst vorm gehen
deinem letzten schritt
wird zu einem liebesgeschenk

und ihre nichterfüllung
ich nehm sie auf wie einen kuss
der alles heilt

Stefan Krüger

beharrlichkeit des liebenden

ich bin in unserm garten
um dort auf dich zu warten
ich habe alle zeit
die ersten blumen sprießen
ich werde es genießen
geübt in einsamkeit
ich lasse die gedanken
hoch um die bäume ranken
bis in die kronen weit
und fallen auch die blätter
ich dulde jedes wetter
selbst dann noch, wenn es schneit
mich bindet nur die liebe
doch wenn auch sonst nichts bliebe
sie bleibt in ewigkeit
du zögerst noch zu kommen
es sei dir unbenommen
ich bin nicht gern allein
doch einsam will ich warten
auf dich in unserm garten
auf dich und deinen stein

Anne Laubner

Herbstliebe

Verwelkend wie ein gefallenes Blatt
Verlassend mich wie ziehende Vögel
Ringt sie immer noch nach Sauerstoff
Doch verwesend, schon seit einem Jahr

Nebel umspinnen Erinnerung an sie
Krähen krächzen rau Verlust
Rauch aus Schornsteinen,
Mag so wenig das Haus verlassen
Wie ich die Herbstliebe

Stefan Krüger

Melancholie

In der bedrückten Jahreszeit
umfängt mich eine Traurigkeit
wie Weben feinster Seide.
Sie schmiegt sich um mich glatt und leicht.
Wenn sie mich unsichtbar umstreicht,
merk' ich kaum, daß ich leide.

Doch gehe ich, zäumt sie mich ein,
umklammert mich ganz zart und fein,
ist wie ein Hauch zu spüren;
ich gehe weiter Schritt um Schritt
und fühle bald mit jedem Tritt
den Zug von tausend Schnüren.

Die Seide webt sich eng und fest,
bis sie mich drückt und zwingt und preßt
in unbewegte Engen.
Und ich erkenne mich erst jetzt,
gefangen in dem Spinnennetz
von stahldurchwirkten Strängen.

Marc Dalloul

Die Tränen von Morgen

Hoffnung die ich begraben
Hege ich verborgen
Dem schweigen zeige ich mich
Zwischen den welten
Frage ich die zeit –
Ihr zeiger sagt
Stille –
Viertel vor zehn
Es ist die vergangenheit

Inga Rüders

Dornenvers

Krabbelst immer noch
Durch mein Gebein,
Durchs brombeerrote Unterholz.

Ich stell mich wiegend auf den Kopf
Und pflücke deine stachlig-süße Frucht.

Dicht ist das Gestrüpp
Das du gewoben hast
Und lauerst mittendrin im Seidenpunkt.

Ich surre durch die Fäden
Durch dein seiendes Geäst

Und fang mir sehnend alles
Was du piekst und stichst.

Simone Brühl

Aus allen Ecken

Schreiende Gefühle
Funkelnde Tränen
Schlafende Bewegungen

Gegen die Stille
Gegen die Dunkelheit
Gegen das Erwachen

Deine kämpferische Liebe
     Zu Tode geliebt
Um mich bettelnd an ihr
     hochzuziehen

Liebe durch Liebe
-erstickt-
Was uns blieb

Stille Gefühle
Ein klärender Blick
Erwachende Bewegung

Erinnerung!

Holger Riedel

Abschied

Hätte man mir sagen sollen
Schreib ein fröhliches Gedicht,
Wär am Ende nun ein Lächeln,

Doch ich bitt dich
Weine nicht.

Frank Findeiß

Weinnachten

Schlecht geflickt sind seine Socken
Am Absatz löst sich schon die Sohle
Den Mantel dürftig zugeknöpft
In den Taschen kaum noch Kohle

So schlendert er in das Getümmel
Sucht sich eine Stelle aus
Lässt sich auf dem Bordstein nieder
Seine „Fahne" weht voraus

Manchmal hört er das Gespött
Der vom Kaufrausch sehr Gestressten
Ein Mann mit Saxophon ihm gegenüber
Gibt grade „Stille Nacht" zum besten

Und vom Weihnachtsmarkt herüber
Strömt Zimt- und Pommesduft-Gemisch
– Nein, bei ihm gibt's dieses Jahr bestimmt
Keine Pute auf dem Tisch

Hier und da fällt eine Münze
Vor seiner Nase in den Schoß
Und das ganze „holde" Elend
Versetzt ihm einen Stoß

Kopfschüttelnd sieht er jenen nach
Die der Verlockung nicht versagt
Und bis zum letzten Augenblick
Allem hinterher gejagt

Nachdenklich krault er seinen Bart
Das also ist das „Fest der Liebe"
Stellt ganz rhetorisch sich die Frage
Wo die Be-Sinnlichkeit verbliebe

Dann schultert er sein Hab und Gut
Ein Junge schaut ihn traurig an
Aus dessen Augen kullern Tränen
Er fragt: Bist Du der Weihnachtsmann?

Rüdiger Britten

Für einen Freund

Gewitter der Menschheit
resultieren in wütenden Blumen.
Zorn, Hass und Trauer gehen Hand in
Hand mit Liebe, Ehrfurcht und Obhut.
Wir werden nicht mehr mehr,
als wir es ohnehin schon sind.
Selbst wenn wir über uns hinauswachsen,
benötigen wir oft Kraft,
um die Ewigkeit der Liebe von uns zu wenden.
Lebe!

8 Dezember

Peter Wayand

Gedanken über die Liebe

(Meditation)

Liebe. Wer kann schon erfassen,
Welch' unfassbare Riesenkraft
In diesem kleinen Worte steckt,
In uns die stille Ahnung weckt,
In uns ein Feuer schürt und schafft,
Von dem's unmöglich ist, zu lassen.

Viele uns'rer Denker, Dichter und auch Philosophen,
Jedoch auch Menschen, einfach und von nieder'm Stand,
Wollten sie beschreiben, um sie zu begreifen,
Wollten, möglichst ohne von ihr abzuschweifen,
Die hohe Minne suchend, ziehen durch das Land.
Der nieder'n Minne frönten sie - in vielen Strophen.

Und auch ich will diesen Schritt nun wagen,
In einer Zeit, die kaum noch Liebe, Wärme hat.
Ich will in Reih' und Glied mit allen ander'n steh'n,
Die stein'gen Wege hin zum Ziele schneller geh'n,
Und bin ich dann am Ende meiner Reise krank und matt,
So kann mich auch des Lebens Kerkerqual nicht plagen.

Es heißt, es sei die Liebe eine Himmelsmacht,
Es heißt, sie sei die Aura alles Guten,
Es heißt, sie sei der Odem uns'rer Welt.
Und trotzdem steht man mit ihr, oder fällt
Und schwimmt in unbarmherzig kalten harten Fluten
Und über allem hält die unfassbare Gottheit Wacht.

Blickt man zurück, sieht man den Herrn Satanas böse toben,
Am andern Ufer steht der Tod, die dürren Arme hochgeschwungen.
Da, plötzlich, fühl' ich eine kräft'ge Hand,
Die mich an eines tiefen Abgrund's Rand,
Dem Strome der Gefühle mächtig abgerungen.
Die Treue ist's, die ich so lang als lästig' Tand beiseite hab' geschoben.

Und wenn man erst der liebend' Treu' Umarmung spürt,
Dann kommt auch ihre Zwillingsschwester schnell dazu.
Ihr Name, weiß man es nicht längst, ist Glaube.
Und wenn im Herbst der Fuß versinkt im dichten Laube,
Derweil man durch der bunten Wälder eigentümlich Seelenruh',
Befriedigt wandert – der Weg dann endlich nach der hohen Heimat führt.

Wenn dann zwei Menschen, die sich lieben,
Sich einig sind und nun des Lebens mühsam' Pfad,
Gemeinsam geh'n, durchstehen jede Schwierigkeit,
Und miteinander teilen alles gegenseitig Leid,
Dann geben sie der ganzen Welt das Beispiel und den Rat:
Macht ihr alle es genau wie wir und sichert so den Frieden.

So könnte man noch tausend Jahre lang
Über die Liebe und das Leben meditieren.
Doch die Erkenntnis, die wir suchen,
Ist, auch wenn wir noch so sehr darüber fluchen,
Auf dieser Welt nicht zu erringen. Man kann verlieren,
Ohne zu gewinnen; die Dissonanz ist auch ein Klang.

Man lebt sein Leben, ohne sich mit solch' Gedanken zu belasten.
Doch viel leichter und stellt die Fragen besser nicht, die
Keiner uns enträtseln kann. Man zeige trotzdem ein Bewusstsein,
Dass man solch' Fragen auch erkennt. Wenn auch der Schein
Uns trügt mit Geisternebeln, die Weisheit wird uns dann der Utopie,
Dem Wahnsinn leicht entreißen.
Hör'n wir dann auf, durch's Leben nur zu hasten.

Werner Moskopp

In die das Leben wonnevoll sich geudet

(Für Torsten und Moni)

Wind der Worte
Den kein Dritter fängt
Es schenkt im Sinken
Der seyfriede Starke
Der makellos Schönen
Den bluten Kuß

Was braucht der Wind,
der Sturm im Herzen trägt?

Hauch des Herzens
Den kein Dritter zwingt
Es schenkt im Glanze
Die hohe Holde
Dem hehren Heroen
Die wunde Seele

Was braucht die Hauch,
die Wert im Blicke trägt?

Wert der Welten
Die kein Dritter birgt
Es schenkt im Gebaren
Das vornehme Leben
Dem vornehmen Geschlecht
Die Macht des Ertrags

Was brauchen die Wert,
deren Wille alles Walten trägt?

Wille des Waltens
das kein Dritter steht
es schenkt in der Tat
die zweie Einheit
den einen Zweien
den ewigen Bund

Was brauchen die Wille,
deren Schicksal das Leben trägt?

Dominik Steinruck

Adventsspaziergang

Als meine Hand die deine zart berührte,
und Traum und jetzt sich wunderbar verband,
und ich dich durch die Weihnachtslichter führte
und ich mein Glück und auch die Welt nicht mehr verstand.

Und als ich deine kalten Finger wärmte,
und dabei selbst die Wärme in mir spürte,
als dann mein Herz in hohen Dosen von dir schwärmte,
und mich in diesem Augenblick verführte.

Als ich dich da ganz nah an meiner Seite wusste,
als wir Hand in Hand spazierten,
als ich dich dann verlassen musste
und schöne Träume meinen Weg nach Hause zierten.

Da war ich glücklich, frei und jede Sorge war verbannt,
weil deine Hand so sanft, so zärtlich
ihren Weg in meine fand

Cindy Vogel

Umbruch

Paralysierende Nebelfelder
Durchschweifen den Geist
Hüllen Gedanken an Dich ein
Und geben den Blick frei
Hinaus aus der dunklen Glitzerwelt
Schwarzgetränkte Schatten geneigter Häupter
Verlieren sich hinter mir
Und ich werde stärker
Umschlungen von der Kraft
Gedanken zurück zu bringen
Dich in mir zu finden

Martin Evels

Liebe, Laura?

Wenn es,
dies, dieses,
Liebe ist,
bin ich ein
Verlorener

zwischen Kerzen
und Sternenlicht,
unter allen Orten
ohne sie
ist auch hier

Kreis, ungeschlossen,
unentschlossen
zwischen Ring
und Spirale,
ohne sie

ein Teil
umschmeichelt
ihren Schatten
unerlaubt,
ohne mein Wollen

Augen, Stimme,
ohne Träume
nah, näher,
in mir,
ohne Zutun

verpachtet ein Stück
von mir
auf Lebenszeit
an einen leer bleiben
Abdruck von ihr

verloren sie
zu sehen,
verloren das Sehen
ohne sie
und sie

sie zündelte oft
ungesehen,
Feuer unter Asche,
Feuer unter Feuer,
sie ohne mich

Greif ich in Schatten,
greif ich ins Licht,
mein Hand findet nicht
ohne ihr Sehen,
meinem Spiegel

als blinder Spiegel
verloren ich bin
für sie und sie,
aber wer ist
sie?

Name
und Spur
tief in mir,
Teil von mir,
ohne Anfang

Flamme pflücken
aus den Feuern –
Liebe?
Dann bin ich
schwarz-weiß gestreift

Christiane Weiner

Beginn einer Freundschaft

Zur Begrüßung
unerwartetes Tränentrocknen.
Hast Sonnenblumengedanken geschenkt,
abgelenkt.

Gemeinsam eingekauft
– Milch, Mehl, Zucker –
den Tag versüßt, Kuchen gebacken,
mit Lachen gefüttert.

Schön, dass man aus einer Prise Vertrauen,
Verständnis, Ähnlichkeit und Humor
so viel machen kann.

Zum Abschied
nach einem tollen Tag
wortlos dankend umarmt.
Das hat alles gesagt

Vincent Fröhlich

Nachatmen

etwas von ihr behalten –

das Foto im Kopf noch einmal ablichten
ihre Züge noch einmal nachzeichnen
die Erinnerung noch einmal wachrütteln
den Schwingungen ihrer Bewegungen noch einmal beiwohnen
und alles in ein Bild fassen
nichts entkommen lassen

ihr Lächeln noch einmal leuchtend
ihre Augen noch einmal blitzend

beobachten wie sich alle um ihr Freundlichkeitsfeuer runden
ihre Stimme hören wie sie die Leere füllt
um im Nichts zu erklingen
bevor alles schwindet
es mir schwindelt
vor Bildern, die ich
nie in Bewegung
setzen kann und
alles langsam
verbleicht
endgültig
entgleist

– in den verblassten Farben der Erinnerung

Daniela Panteleit

vogelfrei

du schmeckst nach freiheit
und danach
dass du so bist
wie ich einmal gewesen bin

ich hör dich sprechen
und sogleich
was du nicht sagst
so klar, dass ich verstehen muss

du bist ein vogel
ohne nest
der nicht vermag
zu ruhen in der fremden nacht

ich nicke leise
liebe dich
die feder hier
verlierst du trotzdem - bei der flucht

Martin Werhand

Der verlorene Moment

So viele Dinge – WICHTIGE DINGE – hast Du versäumt zu tun!

Ein beherztes Zeichen, das Du nicht ...
Setztest,
Die kostbaren Worte, die Du nicht ...
Sagtest,
Zwei traurige Herzen, die Du nicht ...
Eintest,
Die sensiblen Gesten, die Du nicht ...
Spürtest,
Die spontane Liebe, die Du nicht ...
Wagtest,
Die zärtliche Sehnsucht, die Du nicht ...
Stilltest,
Die heimlichen Tränen, die Du nicht ...
Fühltest,

Ein verlorener Moment
Kostet Dich ein kleines Glück ...
Viele verlorene Momente
Kosten Dich – ein GLÜCKLICHES LEBEN!

Daniel Dölschner

Für Penelope

Auf einem Floß aus Träumen
dessen Balken sich unter
dem Gewicht der Wirklichkeit
biegen und ächzen
treibe ich in den Gezeiten
des Lebens

Wie Odysseus fahre ich
vorbei an den Sirenen dieser Zeit
und den Zyklopen meines Alltags
in der Hoffnung, eines Tages
bei dir meine Heimat zu finden

Saskia Ziegelmaier

Ein Bild bleibt von Dir

Dir entkommen, irgendwann nach
tausenden Bahnkilometern,
nach endlosen Stunden, die ich
über grüne Frühlingswiesen gegangen,
unter schattigen Baumkronen in der
Sommerhitze gesessen,
durch das raschelnde Herbstlaub gewadet bin.
Sonne und Mond stumm befragend,
endlose Tage am Horizont habe fliehen sehn.
Langsam verblasst Dein Bild.
Nur noch ein Schattenspiel,
nie mehr spürbar, nie mehr
berührbar – doch ich weiß,
dass ich Dir irgendwann wieder
zulächeln kann.

Thomas Bruns

Obsession

Obsessionen die sich im Kreis verlaufen
sprengen Bilder der Vergangenheit
der Turm der einst dem Glück geweiht
liegt in Schutt ein Emotionen Haufen

Rauch schwebt über all den Trümmern
die Sicht getrübt es schwelt das Herz
zur Liebe gesellt sich wieder mal ihr Freund der Schmerz
jämmerlich dies Flehen und Wimmern

Bau langsam wieder Stein um Stein
ist mir egal daß er verreckt
Erinnerungen als Sprengfalle versteckt
wieder fällt mein fades Sein

Laß die Türe angelehnt
die Bauanleitung ist gezückt
will diesen Turm kein Bild zurück
egal wie oft er noch mißglückt
einst wird er stehen wie einst im Glück
bin nur ein Sisyphos der sich nach seinem Berge sehnt

Isabel Seifried

Abschied von der Liebe

Was am Anfang einer Liebe
schillernd glänzend vor dir lag,
unbegreiflich, unermesslich,
herrlich wie der junge Tag,
gleicht am Ende tiefer Nacht,
von Sterblichkeit durchzogen.
Und preist die einzig hohe Macht,
um die es dich betrogen.

Winter-Landschaften

Gunhild Hotz

Unersetzlich

In einem Meer voll Tränen
schwimmt das gesamte Glück,
fließt meine ganze Liebe,
mein Herz bleibt leer zurück.

Wie ist ein Herz zu füllen,
in das ein Loch man stieß,
was alle meine Freuden
aus ihm verströmen ließ?

Wie ist ein Mensch ersetzbar,
der einzigartig ist
und dessen stille Nähe
man Tag um Tag vermißt?

Mein Herz beginnt zu frieren
im warmen Kerzenschein.
Mein Leben ist erzittert,
entrückt zu bloßem Sein,

zu bloßem Funktionieren
in steter Heiterkeit,
ich droh' mich zu verlieren
im Warten auf die Zeit,

in der ein Mensch ersetzbar wird,
der unersetzlich ist
und dessen stille Nähe
man Tag um Tag vermißt.

Inga Rüders

Eisvogelnächte

Mein Herz liegt in krähendem Frost
Von pickendem Schneestaub zersetzt.

Im Silberglanz seiner Kristallspur
Verwischt mein klirrendes Blau.

Schimmernde Zeitflocken rieseln kühl,
Ein Mondlicht flattert auf mein Haupt.

Nordglatte Eisvogelnächte –
Im Schatten seiner Gestalt.

Melanie Reinartz

Rein

Strahlend weißer Lippen
Der Himmel speit aus Zorn.
Dunkle gute Spiegel
Lassen Riesen sich verlieren.
Trommelnd legen Himmelstränen
Sich nieder auf des Goliaths Fuß.
Dröhnender Hauch des Lebens
So als tausend Wölfe heulten.
Und in der Unendlichkeit,
Weißes Feuer wohl die Erde küsst,
Die jetzt rein und jungfräulich.

Thorsten Libotte

Stille Nacht

Wir stehen
Eng umschlungen
Innig verbunden
Händchen haltend
Nähe gebend
Achtung bietend
Cassiopeia betrachtend
Herz verschenkend
Tiefliebend beieinander.

Martin Werhand

Der steinige Weg

Auf Deiner Pilgerfahrt zum göttlichen Schrein,
Hast Du der Kämpfe so viele bestritten,
Ängste ertragen, unsäglich gelitten ...
Für die Liebe gefochten – trotz Seelenpein!

Doch mit der Eigenwilligkeit im Gebein,
Fällt es nicht leicht, um Erleuchtung zu bitten.
Wenige haben sie je überschritten ...
Jene Schwelle zum bewußteren Menschsein.

Wo die Zeit das Tor zur Ewigkeit bewacht,
Müssen Engel Gottes Botschaft verkünden.
Solange der Mensch weise Herzen verlacht

Wird sein Streben nicht in Erlösung münden.
Propheten haben manches Feuer entfacht,
Allein Christus ging den Weg ohne Sünden.

Martin Lemmer

Aller - Engel.

Ich bin ein Engel
auf den Straßen der Zeit,
weil ich weiß,
dass ich jene nur gehen kann.

Ich bin ein Engel
in den Venen der Liebe,
weil ich weiß,
dass ich jene nie besitzen werde.

Ich bin ein Engel
in den Wegen der Welt,
weil ich weiß,
dass ich mich jener geben darf.

Christoph Sommer

Holzstuhl

Süßes Versinken im Nichts
Still jeder Bewegung
Ein nichts sagender Blick zur Seite
Die Brille wird zurechtgerückt

Dann ist der Stuhl leer
Du setzt dich
Dein Herz hüpft
Du trinkst
Allmählich gehen alle

Du bleibst sitzen
Allein und vergessen
Um zu vergessen

Julia Groth

Nachtschwärmer

Des Tages grelle Hektik ist vergangen.
Die Straßen sterben aus. Die Stadt wird leer.
Die schwarzen Stunden haben angefangen
Und lasten auf den Dächern totenschwer.

Des Tages Lärm verstummt und es wird leise.
Wenn dann und wann ein Hund bellt, hallt es weit.
Und ringsumher, auf seltsam kalte Weise,
Erwacht mit einem Mal die Einsamkeit.
In lichtbetropften Winkeln sitzen trinkend

Und schweigend und in Nächtlichkeit versinkend
Die Menschen, die des Nachts niemand vermisst.
Ein jeder krankt an seinen eignen Sorgen
Und hofft, dass er bereits am nächsten Morgen
Die dumpfe Schwere dieser Nacht vergisst.

Alexander Simm

Winterliebe

Einsame, letzte Blätter fielen mit der Wärme.
Ganz weiß belegt der scheue Morgenfrost die Haut.
Langsam durchflirren erste Glitzersterne
die still gekühlte Welt, die fremd ergraut.

Nur Leere spiegelt mehr dein Gletscherblick,
der heut' früh klirrend firn erstarrt.
Sie schneit in meinem nackten Seelenglück,
das ängstlichen Kristallen gleich, verharrt.

Vereist verbleibt dein weißes Zelt. Zitternd
erfriert im Wintersaal ein Wir. Zukunftswärts
fällt rau der Frost. Schneeleis splitternd
zerbirst mein weißgereiftes Feuerherz.

Holger Riedel

Dein Geheimnis

Wer und was du bist, bleibt dein Geheimnis,
Niemand schaut so tief in dich hinein,
Um des Lächelns wahren Grund zu sehen,
Um dein Augenflimmern zu verstehen,
Deine einzig wahre Art zu sein.

Ich vermisse dein verträumtes Schweigen,
Deine wundersame Fröhlichkeit,
Deinen zarten Hauch, so stark, so eigen.
Lachend konntest du das Dunkel zeigen,
Diesen Ausdruck stolzer Einsamkeit.

Was du warst und bist, wird niemals weichen.
Niemand kann es löschen, nicht mal du.
Immer wird dein Lachen mich beschleichen
In den Tagen, die nun stumm verstreichen
Und ich hör dir in Gedanken zu.

Patrick Klein

Feuerwerk der Liebe?

Ein Feuerwerk schien unlängst sich
Vor meinen Augen abzuspielen:
Träumte oder wachte ich,
Als wir uns in die Arme fielen?

Ein Feuerwerk in dieser Nacht,
Da Dein Kuß den meinen fing,
Hat Feuerwerk in mir gemacht,
Als ob vom Schicksal es erging.

Ein Feuerwerk der Liebe pur
Hat diese Nacht in mir entfacht,
Oder war es wirklich nur
Mein Rausch in der Silvesternacht?

1 Januar

Rüdiger Britten

Neujahr war

Es brach heran ein neues Jahr,
mit wirschem Übergang sogar.
Mit Laut wäre zu umschreiben,
um die Geister zu vertreiben.

Obwohl mit anderen verbracht,
war einsam ich in dieser Nacht.
Oben stehend am Geleise,
lachend, hadernd, weinend – leise.

Die Liebe, ach, wie soll ich's sagen,
wie miss' ich sie an manchen Tagen,
so friedlich süß sie mich entzückt,
so fern ist sie für mich gerückt.

Die Hoffnung, dass nun dieses Jahr
mehr Glück bringt als das letzte gar,
macht still und leise sich jetzt breit,
skeptisch ich, und doch bereit.

Und haben wir über's Glück gelernt,
zu lachen, dann wenn's weit entfernt,
sich des Lebens zu besinnen,
einsam, leise, bei sich drinnen.

In diesen Zeiten, wenn's ist so still,
könnte man, falls man es will,
sich bewußt, daß man es kann,
das Leben mögen, dann und wann.

Niemand fordert uns're Schuld,
wir selber, ja: und ungeduld'
schelt man sich, da man's nicht schafft,
es umzusetzen, das „Laut" der Nacht.

Man grämt sich gar, sie auszuleben,
die Freiheit, die einem doch gegeben,
zu suchen Tags und Nachts das Glück,
zu finden - langsam, Stück für Stück.

So ist des Glückes altes Leiden,
man bittet es, noch da zu bleiben,
doch eigenwillig zieht's den Hut,
sagt: „Schau Dich an, Dir geht's doch gut!"

Drum kommt's und geht's wie's ihm gefällt,
hält ein, schaut rein, manchmal gesellt
es sich, bringt uns ein Stück -
vom immerzu gesuchten Glück.

Peter Wayand

Von meiner Liebesmär II

Als ich Dich neulich einmal wieder traf,
Da hüpfte still mein leidend Herz,
Mein Atem ging nicht ruhig und brav,
Die Seele krümmte sich vor Schmerz.

Bin ich im Unrecht, oder hat die Pein,
Die mich ergreift, wenn ich Dich sehe.
Tief'ren Sinn? - Ist meine Liebe denn nicht rein? -
Was habe ich verbrochen? Weh' mir, wehe!!!

Du strahlst noch immer soviel Wärme aus,
Ich kann Dich trotz all' dem nicht haben,
So sitz' ich hier, vergrab' mich selbst im Haus,
Nur geistig Nahrung soll mich laben.

Doch damit geb' ich mich nun endlich nicht zufrieden,
Denn zum Versiegen kämen nur die heißen Tränen,
Wenn sich Dein Herz entscheiden könnt' zu liehen,
Könnt' ich dann Deine Hand in meiner wähnen!

Ich weiß, es gibt da einen anderen Mann,
Von dem ich aber sicher weiß und glaube,
Dass er Dir nie die Liebe geben kann,
Die heiß und innig ich für Dich gebrauche.

Der Zustand, den ich fühl', ist Jammer
Und einer unheilbaren Krankheit gleich,
Erlösen kann mich nur des Todes Hammer
Und Du - und Deiner Liebe Königreich!

Roberto Isberner

totgesagt

du blühst
nur im sommer wohl
wenn leichtigkeit
die hüften reift
wenn dein leben lau
durch nächte streift

im winter
jedoch so scheint es
meldet sich die gänsehaut
nichts wird mehr
offen gelegt
denn sie verneint es
eingeengt bist du fast ergraut

wie totes laub von bäumen
fällt nun jeder von dir ab
fang erst gar nicht an zu träumen
von wärme die ich nicht mehr hab
nach sonne & dir duftenden räumen
such ich nicht mehr: ich grab.

4 Januar

Isabel Seifried

Erinnerungsfetzen

Erinnerungsfetzen, Fragmente der Zeit,
vergessene Träume, verschmierte Gedanken
an Wände gekleckst.
Es bleiben die Tage der Einfältigkeit,
Hyperbeln der Liebe,
Euphemismen der Zeit.

Es schlachten die Andern
die Träume nun aus. Entwickeln es weiter,
das Gekleckse am Haus.
Sinnlose Phrasen,
die der Winter verwischt.
Abgedroschen klingende Worte,
Symbole.

Es ist alles vollkommen
und endlich vollbracht.
Und doch nichts geblieben,
vom gestrigen Lieben.
Von der Wand schreien Lügen
die Metaphern von heut.

Holger Riedel

Blaublüter

An den Zweigen des Winters
Wachsen in eisblauen Nächten
Blumen aus Hirngespinsten,
Schlingen in zahllosen Trieben
Um meinen machtlosen Geist,
Treiben in rastloser Einsamkeit
Immer blauere Blüten.

Thorsten Libotte

Kühlraum

Ich wünschte, wir wären im Kühlraum eingesperrt.
Die Stahltür wäre für einige Zeit versperrt.
Wir müssten uns wärmen, um nicht zu erfrieren.
Vielleicht würde es dabei endlich passieren.

Ich wünschte, wir wären auf einer Insel allein.
Für einige Zeit ohne den alltäglichen Schein.
Wir müssten uns anschauen, um etwas zu sehen.
Vielleicht würde es dabei endlich geschehen.

Ich wünschte, wir wären allein auf der Welt.
Für einige Zeit kein anderer da, der dir gefällt.
Wir müssten uns lieben, um nicht allein zu sein.
Vielleicht wärst du dann endlich mein.

Martin Werhand

Die Eis-Prinzessin

O ... Du hast mein Versprechen ...
Ich umarme Dich mit Gefühl!
Dich wird mein Sex bestechen!
Ja! Du hast mein Versprechen ...
Es gibt kein Kopf-Zerbrechen.
Emotional bleibe ich kühl!
Jaaa ...! Du hast mein Versprechen ...
Ich konservier' Dich – mit Gefühl!

Kathrin Raab

Du

Du zerbrichst ob Du es willst oder nicht
Die feinen Strukturen unserer kleinen Welt
Die unter Deinen polternden Schritten hilflos zerfällt
Du zerreißt das zarte Band das uns zusammenhält

Meine Tränen werden zu Strömen zu Flüssen und Meeren
Doch ich habe zu wenig Kraft um mich gegen Dich zu wehren
Denn Du siehst nur Dich Dein Ego Deinen Willen
Deinen Vorteil Deine Gier die Du um jeden Preis versuchst zu stillen

Du beraubst mich um dich zu bereichern
Ignorierst meine Schmerzen und Schreie um zu erreichen
Dass Du zufrieden bist und ich Dir trotzdem verzeihe
Du nimmst Dir von mir all das was Dir fehlt
Dass es mir dann fehlt ist kein Argument das für Dich das zählt
Was kümmert es Dich dass Du mich quälst
Und statt einem Leben zu zweit eines für Dich alleine wählst

Vincent Fröhlich

Erster!

wenn ich Dir sage, dass ich Dich liebe
wirst Du Angst bekommen
mich fragend warum?

Du wirst sagen, was ich denke:
wir kennen den andern nicht

ich kann Dir nicht widersprechen aber
mein Herz ist meist schneller
als mein Kopf

dabei arbeitet er täglich sekündlich
es hat keinen Sinn
ich will ihn oft ausstellen und scheitere
der Vorsprung meines Herzens ist unaufholbar

wenn ich Dir also nicht sage, dass ich Dich liebe
verstehe es
wissend
dass ich Dich liebe
und weiß
dass Dein Kopf schlau ist
und Dein Herz dumm
dass Dein Gehirn schnell ist
und Deine Seele leider stumm

Patrick Klein

Stelldichein

In einer kalten Vollmondnacht,
Als wieder ich so einsam war,
Da habe ich mich aufgemacht
Zu einer mir bekannten Bar

Der Wind griff kalt mir ins Gesicht
Und fauchte laut mir in die Ohren,
Ich eilte, doch ich wußte nicht,
Was mir in dieser Nacht geboren

Die Sträucher wiegten sich im Wind
Und formten dieserart Gestalten,
Die dort ein unbedarftes Kind
Konnte für Dämonen halten

Die Sehnsucht, meines Herzens Glut,
Die heute wie ein Feuer war,
Fand an diesem Abend gut
Und rasch ihr Ziel in dieser Bar

Es ward sogleich mir heiß und bang,
Als dort Dein Blick den meinen fing
Dein reger Liebeswunsch verschlang
Mich ganz und gar, und ich verging

Der Wonneschwindel kam mich an
Wie ein heiliger Dämon.
Faßte er mich mächtig dann,
So glaubt' ich Deine Liebe schon

An diesem Abend hielt ich Dich
Fest und stark an meiner Brust,
Du hieltst verliebt noch fester mich
Und wir verloren uns in Lust

Doch schon der Morgensonne Schein
Vertrieb mir jäh die Zuversicht
„Ich bin nicht für immer Dein",
Sagtest Du in mein Gesicht

„Denn aus Angst mich Dir zu binden
Darf ich Dich nie mehr wieder sehn"
Ich sah Dein Bild im Nebel schwinden
Und sah bewegt Dich von mir gehn

Doch ich weiß, in Vollmondnächten,
Wenn kalt die Winde um mich wehn,
Dann werden wieder sich verflechten
Die Blicke, die ins Mark uns gehn

Und unsre Liebe wird erblühn,
Wir wieder ganz einander sein,
Und morgens wieder wirst Du fliehn,
Bei unsrem nächsten Stelldichein.

Simone Brühl

Körpersprache

Ich will sie nicht
Hast du gesagt
Als du neben ihr lagst
Und mir den
Rücken zuwandtest

Ich will sie nicht
Hast du gesagt
Als ich aufstand
Und du neben ihr
Weiter schliefst

Ich will sie nicht
Hast du gesagt
Und schenktest ihr
Dein erstes Lachen

Ich will sie nicht
Hast du gesagt
An dem Morgen
Als du deinen Körper
Verleugnetest

Um mich nicht
Zu verletzen
Erstachst du mich

Cindy Vogel

Goldener Käfig

Gebrochene Flügel
Allein getragen durch die Kraft
Stählerner Gedanken
Kälte zieht ihre Macht mit sich
Und friert ein
Was nicht entfliehen kann
Schwäche umgibt die Gestalt
Geboren aus ewiger Angst
Gebrochen in einem Käfig
Dessen Gitter
Keinen Platz zum Atmen ließen

Melanie Reinartz

Einsam

Wie kann man es wagen, sich einsam zu denken,
Bist du es nicht selbst, der sein Leben soll lenken.
So gib nicht auf bevor der Morgen erwacht,
Es sei denn, du weißt, was er hat mit sich gebracht.
Schlechter als gestern kann es nicht werden,
Schließ dich an der ziehenden Herden.
Ist es nicht des Herzens Wille, dich anzuschließen,
Pflegst du die Blume der Einsamkeit zu gießen.
Und kannst du es nicht ertragen, allein zu leben,
Vergiß nicht, sie hat versucht dir Liebe zu geben.
Such die Schuld nicht bei ihr, sondern bei dir allein,
Wenn du das hast geschafft, dann wirst du nicht mehr einsam sein.

Frank Findeiß

Ruf mich an: 08 15-47 11

0 Respekt vorm eigenen Leben
keine 8-ung vor sich selbst
1-mal rein und raus im Stundentakt
5 Wochentage lang

den 4-Beiner als Schoßhund
die 7 Sachen stets gepackt
in 1 gemachtes Bett sich legen
doch k-1 Anschluss ... bei dieser Nummer

Julia Groth

Ich fühle dich

(nach „Mutter" von G. Benn)

Ich fühle dich
wie einen Stein
auf meiner Brust, der mich kaum atmen lässt.
Zwar nicht erdrückt, aber den Rest
von mir noch überschattet.
Und manchmal glaube ich, ich will doch lieber gleich
von dir erstickt sein.

Martin Evels

Bitteres Wort Beenden

zu überleben eine Liebe,
die nie enden will
vorwärts zu gehen
jeden Tag
ohne Licht
spiegellose Liebe

Du solltest geliebt haben,
geliebt haben im Leben
Lieben solltest du
Lieben

auszulöschen eine Liebe,
die unreflektiert geblieben
zu töten eine Untote
jeden Tag
lichtlosen Tag
Liebe ohne Spiegel

Du solltest geliebt,
geliebt gewesen sein
im Leben
Lieben, ein bitteres Wort
im Leben

Eva Herold

Der Augenöffner

(Eine Liebesgeschichte)

Im Schlaf wird Dein Gesicht ganz rein,
Am Tag umwölken Dich Gedanken.
Du kannst Dich nie daraus befrei'n,
Ein Käfig voller Eisenranken.

Dein Herz ist Zunder und Baracken,
Geschwärzt aus einer andern Zeit,
Du bist entflammt und abgebrannt
Und seitdem nicht wieder geheilt.

Du hast bereits Gipfel erklommen,
Auf die Dir niemand folgen kann,
Verwittert wie ein alter Stein,
Ragst Du dort auf und fällst doch lang.

Um Dich tost eine stumme Schlacht,
Du stehst mitten im Minenfeld,
Obwohl Du nie verletzen willst,
Sind viele schon an Dir zerschellt.

Selbst als ich gegenüberstand,
Hast Du noch Späher ausgesandt,
Sie nahmen mir die Sicht auf Dich
Wie eine unsichtbare Wand.

So drehen wir uns blind im Kreis,
Lächeln befangen kalt wie Eis,
Und dennoch schmilzt die Starre hin,
Und gibt unsere Seelen preis.

Wir werden heil in einem Sog,
Aus Splittern die nach oben schweben,
Sie passen sich in Wunden ein,
Wie warmer umgekehrter Regen.

Die Eisenranken stürzen ein,
Dein Herz seufzt leis' mit einem Hauch,
Was Asche war, brennt lichterloh
Und löst sich auf in grauen Rauch.

Inga Rüders

Blankes Herz

Im Vorbeischneiden
Deiner geschärften Worte

Stehe ich spitz
Auf der Klinge zum Ton.

Pfeift in den Ohren
Dein Pfeilgewitter.

Und silbenschnell
Dein glatter Schnitt

In mein sprechend blankes Herz.

Alexander Simm

Junge Liebe

Die jungen Mädchen schieben Kinderwägen
vor ihren nierenfreien Nietengürteln her
und schicksalhafte Babyschreie sägen
an fernen Zukunftstagen. Leer

und lethargisch lieben junge Väter
die ungewollte Brut.

Kathrin Raab

Die Feige

Zu feige zu sagen
es funktioniert nicht mehr
keine Basis, keine Zukunft
nichts mehr zu reden
nichts mehr zu retten

Zu feige zu sagen
es ist aus
keine Gefühle, keine Liebe
nichts mehr zu teilen
nichts mehr zu heilen

Zu feige zu sagen
ich gehe
keine Freude, keine Träume
nichts mehr zu lachen
nichts mehr zu machen

Zu feige
Ich

Christoph Sommer

Stumm gegangen

Mein Bademantel riecht noch nach dir
Ich sah mich nicht um
Um zu sehen wie du mir nachsiehst
Ich wollte es nicht
Und gleichzeitig wollte ich es

Viele Worte blieben unausgesprochen
Blieben kalt
Wie die Tränen die meine Matratze tränkten
Als du versucht hast heimlich zu weinen
Ich habe dich gegangen
Und dadurch übergangen

Verzeih mir
Doch komm nicht zurück

Simone Brühl

Sternenflüstern

Es ist nicht der Abend
Der mich müde macht
Und erst recht nicht der Morgen
Der mich aufweckt – erwacht

Erwache ich neben dir
Ist es kälter als Nacht
Es sind Sterne aus Stacheln
Zum Stechen gemacht

Sie liegen hier neben mir
Neben dir zwischen uns
Sind von oben gefallen
Auf Befehl? Oder Wunsch?

Es ist nicht die Nacht
Die mich einsam macht
Und erst recht nicht der Tag
Der mich aufweckt – erwacht

Es ist zu kalt meine Hand
Aus der Decke zu heben
Mein Gesicht neben deins
Deinen Atem zu legen

Mir ist zu kalt einen neuen
Gedanken zu fassen
Viel zu steif gefroren
Den alten zu verlassen

Es ist die Kälte die mich aufweckt
Mich einsamer macht
Und der Tag die Gewissheit
Kein Traum der erwacht

Es erfriert mich der Gedanke
Dass du schlafend aussprichst
Mit deinem Mund und deinen Lippen
Mein Rückgrat zerbrichst

Mein Name ist nicht Anna
Und wird es nie sein
Was für dich warmer Wunsch
Könnte härter nicht sein

In Sibirien kannst du Wörter verlieren
Sprich sie aus, lass sie fallen
Und sie werden gefrieren

Sie nennen das Sternenflüstern ...

23 Januar

Isabel Seifried

kalt wie ...

kalt wie deine augen
blicken
mich zwei fremde menschen an
stehenbleiben
und ersticken
oder weiterrennen
wann
wird ein mensch mich so beglücken
so wie du es hast getan

kalt wie eis
der schnee von gestern
glitzert noch in meinem haar
ausgespuckt
und angewidert
überholt
die seele zittert
nichts mehr ist wie es mal war

kalt wie winter
und die sterne
strahlen längst nicht mehr so hell
alles aus
vorbei
wie gerne
sähe ich dich noch einmal
doch vergangen sind die träume
unfruchtbare letze keime
ausgespuckt
banal

Martin Werhand

Der Anfang vom Ende einer Beziehung

F r u s t
Trifft Wut,
Eisschrankglut,
Nachtmahrrespekt,
Längst Selters statt Sekt.
Enttäuschung satt! Kurzum
-L-I-E-B-E- mit Verfallsdatum.
Verseucht mit dieser Partnerwahl,
Hockst bleich Du im Katzenjammertal.
Dein Traum zermalmt wie 'ne Kellerassel.
Mit Vollgas ging's in den Seelen-Schlamassel.
Hineinmanövriert durch dummdreiste Euphorie.
Jetzt herrscht beißende Kälte - Feine Schocktherapie!

Melanie Krinke

E

Schwerfall,
Bleibst dabei.
Déjà-vu voraus –
und vorbei.

Abfall
Bist Du bald,
weiß ich,
ohne Gewalt.

Zufall,
der uns kreuzte,
brachte uns zu Fall.
Ich schneutzte.

Unfall
Ist das, was bleibt,
und mich
wegtreibt.

Durchfall
Beäugt mich dicht.
Wenn ich an Dich denke.
Ganz schlicht.

Ein Reinfall
War dieser Akt.
Schwuppdiwupp,
das ist Fakt.

Ein Fall wie der andere.
Welch Fall e.

Eva Herold

Aus

Ich bin ganz erloschen.
Alle Funken versprüht.
Und ich steh'
wie versteinertes Holz
in noch schwelendem Fieber
im Ascheregen.

Rüdiger Britten

Herz gesprengt

Gleichgültigkeit,
ein äsendes Tier.
Unverletzbarkeit,
ein stählerner Körper.

Altern,
ein ungebetener Gast
und Heilmittel
für die Seele.

Nihilismus,
ein weiterer Gast.
Die Liebe – jagen wir sie fort!

Die Gegenwart,
Das Präsenz,
Krankheit.

Der Hilferuf
des Körpers und der Seele
gegen das Ego.

Roberto Isberner

lassen

lassen
lässig lassen
lässig loslassen
los
lass uns lassen
lass uns
loslassen
lass uns
uns loslassen
lass uns
last loslassen
also
lass last los
(– nicht: lasst last los –)
also
lastlos sein
lass uns also
lastlos sein

zudem
zulassen
lass zu
lass
zulassen zu
das wird
zu lassen sein
das wird
zulassen sein
das wird
zu gelassen
das wird
zu gelassen
das wird
zugelassen

also
zugelassen sein
also
zu gelassen sein
also
gelassen zu sein
also
gelassen sein
also
lässig zu sein
also
lässig zu sein
also
zu sein
also
zu sein
also
sein
also
lässig sein
also
lassen
also
lässig lassen
also
alles lassen
also
alles auch zulassen
also
alles auch loslassen
also auch
uns

Stefan Krüger

Beherzt

Der Frühling war jung und noch schwächlich.
Mit Tau bereift träumten die Triebe.
Da fanden zwei Menschen die Liebe,
Doch war diese Liebe zerbrechlich.

Der Sommer war Anlaß zum Träumen.
Man herzte die Stämme mit Namen.
Als herbstliche Monate kamen,
floß duftendes Harz aus den Bäumen.

Der Winter erst brachte den Frieden,
Die Herzen verheilten und blieben
als Liebeseid hölzern geschrieben.
Das Paar war schon lange geschieden.

Daniela Panteleit

blick durch glas

meine handflächen ruhen
auf dem fenster der sehnsucht
meine wange wird kühl
an dem glaselement
meine lippen berühren
vollendete glätte
nur die augen, die sehen

nur die augen, die sehen
was gesehen werden muss
nur ihr blick lässt verstehen
was droht
doch die hände liebkosen
und die wange wird eis
und die lippen, sie küssen verloren

Marc Dalloul

Zum Jubiläum

Bald können wir feiern, daß es uns nicht mehr gibt
Es jährt sich unsere begegnung zum ersten male
Doch ohne ein zurück
Denn unsere bande sind zerbrochen, es entfernt uns die zeit
Auf verschiedenen wegen schreiten wir nun weit
– Auseinander –
Das pochen verhallt;
Verloren ist das gemeinsame herz das wir geboren
Und nun gestorben ist durch unser beider leid
Nun suchen wir, das glück neu zu finden
Jeder für sich – den blick geradeaus
Doch der meine verweilt:
Lausche der klage in seinem letzten schlage
Begleite ich unser kind
Gebettet in meinem händen sage ich ihm lebewohl
Da wir nicht mehr sind

1 Februar

Thomas Bruns

Zahltag

Seh in deine Augen, Licht
es strahlt mich an, ertrag es nicht
seh Mitleid was ich niemals wollte
mein Herz ertrinkt der Mut versinkt

Hab mich gewappnet gegen deinen Blick
wußte das er mich heut trifft
hab gedacht ich würd es schaffen
denken fühlen, verschiedene Sachen

Als ich dich traf sah ich sofort
dein Körper hier, das Herz ist fort
zwar da doch nicht wie ich erhoffte
Die Schuld ist Mein tat nicht was ich vermochte

Es ist vorbei das fühl ich jetzt
ich glaub es nicht, zu sehr verletzt
von mir und meiner Idiotie
die mein Herz aus deinem schrie

Deine Nähe, Liebe, Wärme fort
Meine Seele ist ein dunkler Ort
mit einer Narbe die auf ewig bleibt
und einem Firmament voll Dunkelheit

P.S.: Man hat immer die Wahl, man muß
aber auch immer die Konsequenzen tragen

Susanne Wewers

Selbstbewusstlos lieben

Alles wurde mir genommen, alles, haarklein, jedes Gramm,
keiner half mir auf zu beten,
dass das Mächtige mich verschont, bis
das Bild in der Spiegelwand jämmerlich zersprang.

Mein Abbild als Anzeiger der Liebe
sprang maßlos, haltlos, laut entvier,
ließ kein Bund an Zellen leben,
so als ob man es vertriebe.

Mein Blick in den Spiegel trifft ins Nichts,
wo trockne Wellen entgegen sprühn,
kein Lachen, kein Leben, keine Liebe mehr?
Stillstand beherrscht die Reflexion des Lichts.

Mein Abbild ist nicht mehr geblieben,
welches selbstbewusst die Liebe maß,
ein Nichts trägt nun die Emotionen,
jetzt muss ich selbstbewusstlos lieben.

Anne Laubner

Rückfall

Lang vergiftet war Seele und Geist
Symptomatisch gelähmt
Im Schmerz kontinuierlich gespritzt
Dich toxisches Licht
Die Dosis: platonisch
Parameterlaufen – zu hoch das Wünschen
Ich entzog mich Dir, entgiftend Dich
Aus Übermut der Halbtoten
Doch
Ein schwacher Augenblick
Brachte Dich zurück ins Blut

Martin Evels

Ob's gut geht?

Oh, gut
Tränen ohne Dornen
stachelnd flach, sacht
alte Bilder hervor
von ihr

leicht, gut
sie weichen
in Wolken, weiß
übergehend in Ferne
von mir

ganz, gut
Klang ohne Wort
legend gering, flüchtig
alte Stimmenmuster vor
von ihr

aber, gut
sie verlieren sich
in Rauschen, Wellen
übertönt in Schweigen
von mir

Buh, dem Gut
von ihr
mir, fein
gut wäre

Daniel Dölschner

Zollstocksterne

(Nach den gleichnamigen Fotografien
von Sigmar Polke)

Aus der Ferne werfen Sterne
Zollstocklicht auf mein Gesicht
kleine Wellen, die erhellen
bis der Morgen sie durchbricht

6 Februar

Vincent Fröhlich

Ernte

Von Deinem Tränenbaum
Pflück ich sie in hohler Hand
Umfangen
Und wusste erst nicht recht
Verstand es als Leid
Tat's ab als Traurigkeit
Was Gefühlskristalle sind
Man weiß es
Ist's unser Kind
Dass Du sie formst in Deinem Brunnen
Und ich werd's nehmen gar lind
Nächstes Mal

Christiane Weiner

Nichts gelernt

Die falsche Hoffnung
hält der Wahrnehmung
den Mund zu.
Bizarr verzerrt sie die Tatsachen
und der mürbe gewordene Mut
startet seinen letzten Lauschangriff
aufs Herz.
Ich will dich noch immer.
Ich Idiot.

Anne Laubner

Herzsprung

Glaubte Dich verschlossen hinter schwerer Tür
Neugier hat sie aufgebrochen
Was lugte da hervor
Dein Ebenbild, das was von Dir übrig war
Schau nicht
Schau mich nicht an wie Du's zum erstenmal getan

Sonst bist Du grausam und ich ergeben -
Dir endgültig, werd's nicht überleben

Spring nicht

Herz

Nicht
Ent   zwei

Martin Werhand

Lebendig begraben

HIER RUHT SEIN *LETZTER* WILLE!

Zerschnitten war das gold'ne Band,
Seit Sie so still verschwand!
Ein flackernd Gefüge,
Das zur Genüge
Hat angerichtet Schmerz,
Ward *endlich* notgeschlachtet.
„Gib Ruhe – töricht Herz!
Der Lebenslüge
Schattige Vorzüge,
Liegen doch auf der Hand!
Fühlst Kummer nicht noch Seelenbrand,

Nur etwas Grabesstille!"

Marc Dalloul

Der Phoenix

Ich trage einen schrecklichen Schatz
Sein finsteres Licht weiht jeden Stein
Meines neuen Hauses
Ohne Fenster ohne Dach
Auf Knochen gebaut
Den meinen

Wo nur die unter der Erde Liegenden
Vom Himmel herab
Sein Leuchten sehen.

Jenny Hörig

Gegangene Liebe

Abgenommener Mond
Eine feine Sichel
Sich füllende Augen
Kullernder Regen

Trauer im Herzen wohnt
Nacht und der Tag nicht hell
Sonne, man kann sie rauben
Erloschen dein Leben

Vergeben sei mir mein Tod
Glauben an das Leben
Zerschellt, ohne Dich
Lohnt der Kampf hier nicht

Thorsten Libotte

Du fehlst mir

```
M I R M I R M I R M I R M
I R M I R M I R M I R M I
R M         I R M         I R        U D U            U D U
M             M               M    U D U D U    U D U D U
I                               I    D U D U D U D U D U D
R                               R    U D U D U D U D U D U
M I                           R M    U D U D U D U D U
  I R M                   R M I        U D U D U D U
R M I R             R M I R            U D U D U
M I R M I         R M I R M            U D U
I R M I R M   R M I R M I                U
R M I R M I R M I R M I R
```

Christoph Sommer

Versonnen

Du schaust mich an
Und Rot tröpfelt von meiner Stirn herab

Mein Herz hängt vor dem Spiegel
Mit Lametta geschmückt

Du schlürfst mein Blut
Mit einem Strohhalm
Aus deinem Glas

Und sagst:
Versonnen

Tageslicht fällt durch die Tür

Kathrin Raab

Valentinstag

Februar

Er hatte sie verlassen
Am Valentinstag
Beendete die Beziehung
Weil er sie nicht mehr mag

Am Valentinstag
Wurde sie verlassen
Er hatte alles beendet
Sie konnte es nicht fassen

Er litt für Tage
Doch dachte nicht daran
Dass seine Entscheidung
Eventuell falsch sein kann

Sie litt unendliche Tage
Und dachte nur daran
Dass seine Entscheidung
Nur ein Kurzschluss gewesen sein kann

Er wollte sie nicht sehen
Schon gar nicht mit ihr reden
Er versucht so zu tun
Als hätte es sie nie gegeben

Sie musste ihn sehen
Unbedingt mit ihm reden
Um ihrer Beziehung
Noch eine Chance zu geben

Er wünschte sich weit weg
Als sie vor ihm stand
Und blickte stumm zu Boden
Gab ihr widerwillig die Hand

Es zog sie zu ihm hin
Als sie vor ihm stand
Sah sie ihm in die Augen
Nahm zitternd seine Hand

Er wimmelte sie ab
Hielt sie von sich fern
Bis er plötzlich merkte
Er hatte sie noch gern

Sie ließ sich nicht abwimmeln
Suchte den Kontakt
Doch nach einigen Monaten
War er abgehakt

Er wollte ihre Freundschaft
Wollte sie in seinem Leben
Und das was er ihr genommen
Hatte wieder geben

Sie hatte einen neuen Freund
In ihrem neuen Leben
Dem konnte sie all die Liebe
Die sie hatte weitergeben

Er bedauerte viele Male
Dass er am Valentinstag
Ihr die er doch mochte
Einst den Laufpass gab

Sie war überglücklich
Dass er ihr am Valentinstag
Für ihr Leben und die Liebe
Einst die Freiheit gab

Simone Brühl

Für Euch

Seht her!
Ich habe ihn
Geküßt – umarmt – geliebt

Ja, ich glaube ich liebe ihn
Ja, ich glaube es wirklich

Warum sollte ich ihn küssen?
Warum umarmen?
Wenn ich ihn nicht liebte?

Seht ihr alle?!?
Seht für mich!

Für mich und nur für mich
Habe ich ihn geküßt – umarmt – geliebt
Für Euch und nur für Euch

Geküßt – umarmt – geliebt

Jedoch der Nächste wird es schwerer haben

Um des Küssens willen
Um der Liebe willen
Um meinetwillen

Für Euch und
Nur für Euch!

Und für später

Cindy Vogel

Unantastbare Nähe

Von der Macht der Ausschließlichkeit ergriffen
Verspüre ich nur noch das Aufbegehren meiner Demut
Verneigende Gestik springt Dir entgegen
Versucht zu ergreifen die Ewigkeit des Moments
In dem ich gefangen warte
Versuche fliehende Gedanken in sich zu bergen
Zu schützen
Was unantastbar in Zeit verrinnt
Dein selbst erkennend
– Ein Mosaikzauber
Zur Offenbarung vorliegend
Doch verschlossene Augen nicht mit der Wahrheit geweiht
Dass ich erkenne
Was Du mitbringst

Julia Groth

Aber eigentlich ...

Eigentlich war alles in Ordnung.
Eigentlich ging es ihr rundum gut.
Sie hatte Freunde. Und wenig Sorgen.
Sie hatte Optionen für übermorgen.
Nur ein bißchen zu wenig Mut.

Eigentlich gab es nichts zu klagen.
Eigentlich war ja alles im Lot.
Sie war nicht arm. Sie kannte die Liebe.
Doch war ihr, als ob davon manchmal nichts bliebe.
Und dann fühlte sie sich ein bißchen tot.

Eigentlich war da kein Grund zur Beschwerde.
Nur manchmal, wenn das Gefühl nicht verflog,
Dass etwas nicht stimmte, dass niemand sie wollte,
Dass etwas nicht so war, wie es sein sollte,
Die Welt sie verletzte und auch noch belog –
Dann griff sie zum Messer, sich selber zu spüren,
Sich selbst zu bestrafen, das Herz zu berühren,
Das zu viel verlangte, sich zu viel versprach.
Denn eigentlich ... eigentlich war ja alles in Ordnung ...
Nur die Seele lag ab und zu brach.

Eva Herold

Fastnacht

Ich sehe in der Nacht am Teich:
Perlenschnüre aus Krötenlaich
und Silbersterne spiegeln sich,
unten wie oben genau gleich.

Eine Feier tobt zu Hause,
in der Ferne klingen Lieder,
aus schwarz polierten Wasserflächen
schwebt Dein Bild zu mir herüber.

Ich stehe in der Nacht am Teich
und werfe einen Stein hinein.
Nun zerfließt Du in Kreise,
Ich bin wieder allein.

Holger Riedel

Gläserne Haut

Nachdem ich begann, mir aus Splittern Wände zu formen
Und aus Wänden einen neuen Panzer aus Glas,
Sah ich beängstigt hinauf in den Himmel
Und wartete auf einen fliegenden Stein.

Isabel Seifried

Einsamkeit

Inmitten einer Masse
verblasse
ich allein.
Am Rande aller Andern
möchte ich nicht einsam sein.

Jedoch ist mir das Schicksal
wohl so ins Herz gebrannt,
dass ich allein muss wandern,
von Andern
unerkannt.

Geballte Hoffnung, wieder
ertönt das alte Lied.
Ich schließ die Augenlider
und sinke klagend nieder:
Dort, wo mich niemand sieht.

Vincent Fröhlich

Bist Du fort

bist Du fort
schreit die weiße Wand
zittert meine ganze Hand nach Dir
der Sessel kehrt mir den Rücken zu
und das Bett bleibt kalt mit mir
weint das Glas, ich solle es nicht verletzen
meint sich durch meine Hand zu zersetzen
und ich verlaufe mich in meinen Zimmern

alles was Du benutztest
und in Deiner zärtlichen Art
doch nur umschmiegtest
wie das Wasser den Stein
sehnt sich nach Deiner warmen Berührung
nach Deiner unschuldigen, schönsten Verführung

nur, was soll ich machen
mit all den Dingen
sie zerbrechen?
denn sie gehören nun Dir
sind unbrauchbar
für meine harte Hand eine Gefahr
und fühlen sich durchbohrt durch Messer
die kargen kalkgetränkten Wände
mit ihrem stummen Schrei passen besser

Roberto Isberner

reifeprüfung

denk ich an reife
und das
was ich begreife
bleibt eine
gedankenschleife
um dich herum
du als geschenk
und grund warum
ich denk
an reife und das
was ich begreife
bleibt eine
gedankenschleife
um das herum
was ich begreife
an reife
und grund warum
ich denk
ich schweife
du als geschenk
in der gedankenschleife.

Dominik Steinruck

Am Morgen

Wenn der Himmel noch grau und düster ist,
und nur die Fenster dumpfes Licht verstrahlen,
und einsam Muster auf die Straße malen,
dass jeder, der alleine ist, verdrießt;

Wenn keiner mir auf meinem Weg begegnet
und ich alleine an den Tischen sitze,
und dir dann Wörter auf Papiere ritze,
ist diese Einsamkeit für mich gesegnet.

Ich schreibe dir, das ist ein schöner Sinn,
weil ich in diesem einsamen Idyll,
damit erreiche, was ich wirklich will:
Dass ich für eine kurze Weile bei dir bin.

Susanne Wewers

Du lebst in mir

Du trittst in mich ein, ganz sanft und leise
setzt sie unaufhörlich fort, deine innere Reise.
Ich weiß nicht recht, wie mir geschieht
ist es nicht mein Wesen, mein Körper, mein Gebiet?!
Mein Widerstand ließ spürbar nach
je mehr dein Ich meine Zellen durchbrach.

Beide Seelen mit Wucht in mein Innerstes verkehrt
unsere Existenzen blieben beim Aufprall unversehrt.
Von nun an bin ich du, du ich
niemals mehr ist jeder für sich.
Geborgen vollendet zwei Wesen vereint,
ach würde dies Gedicht doch Wirklichkeit.

Melanie Krinke

Anders

Erster Blick, erste Reise,
auf unsere ganz eigene Weise.
Scheue Jugend, die uns trieb,
Trauer, als sie nicht blieb.
Meine erste Liebe, so anders.

Nähe wie Zuckerwatte, die uns verband,
Große Gefühle lagen in unserer Hand.
Erforschen neuer Wunderwelten,
Wollte mit Dir die Galaxie erzelten.
Meine zweite Liebe, anders als ich dachte.

Retterin in schwarzer Stunde,
Und schon bald in aller Munde.
Tränenlachende Augen, die ich immer so mochte.
Momente, so wertvoll, bis der Wert verkochte.
Meine dritte Liebe, ganz anders.

Nun stehe ich vor Dir wieder so gut,
doch was mich verlässt ist der Mut.
Die Hoffnung bäumt sich leise auf,
nehme die Zweifel schweigend in Kauf.
Kann es diesmal wirklich anders sein?

Jenny Hörig

Getrennt

Innere Erinnerung
Lässt nicht ruhn

Nähe
Deine Nähe
Schreit
Wärme
Deine Wärme
Fesselt
Gefühl
Dein Gefühl
Berührt

Wiedersehen
Vereinen
Schmecken
Kreisende Gedanken
Schmecken
Vereinen
Wiedersehen

Marc Dalloul

Elmsfeuer

Bleich der Sonne Schein
Ungeheuer bleich war auch ihr Haar.
In meinem Schoße ruhte ihre helle Gestalt so rein.
Auf meinem Gesicht lag ein greller Widerschein.
Welch seltsames Paar.
Um mich herum verlor sich alle Farbe im weißen Licht.
Ich blinzelte ihr statisch ins Angesicht.
Vielleicht hatten wir niemals denselben Traum,
Habe den meinen ausgesetzt im leeren Raum.
Vielleicht habe ich dich nie gefunden.
Vielleicht hast du mich nie gesucht.
Was mir geblieben, liegt befremdlich brach -
Kristallisiert im unterkühlten Herzgemach.

Saskia Ziegelmaier

Eiszeit

Erster Schnee
knirscht harsch
unter unseren Sohlen
Eiszeit ungebrochen
unser Seelensee tief zugefroren.

Spuren im Eis
drehn sich im Kreis
ohne Richtung
bleiben stehn.
Dünne Schicht bricht
ungesehen –
wandeln wir weiter
der Kälte entgegen.

Stumm und still ruht der See
Schnee rieselt,
Risse bedeckt –
unter Eis Leben erstarrt
noch in der Frühlingshoffnung.

Kathrin Raab

Risse im Eis

Wenn das Eis bricht
Auf dem wir stehen
Eisige Kälte uns umschließt
    die Glieder lähmt
    die Poren schließt
    das Blut zentriert
    die Lungen füllt
Wird sich keiner am Anderen festhalten
Sondern irgendwo
    mit tauben Fingern
    mit schweren Armen
    mit trübem Blick
Nach Rettung suchen
    einem Ast
    einem Seil
    einer Hand
Vergeblich
    und wir werden untergehen
    und wir werden ertrinken
    und wir werden sterben
Weil wir uns nicht halten
Und
Weil das Eis zu dünn war
Auf dem wir standen

Christiane Weiner

Alptraum

Dunkle Nacht, sonnenhell,
schleiche fort, laufe schnell.
Überall liegt schwarzer Schnee,
zugefror'n der warme See.

Einsam voll der lichte Wald,
Amsel schweigen, dass es hallt.
Jeder Schritt geht hier zu weit,
weck mich auf, es wäre Zeit.

Marc Dalloul

Das Geheimnis

Ich reise allein in den Winter
Und die Sonne sieht aus wie der Mond

Der Rheinstrom auf seinem Weg
Eine Ruine der Kraft auf ihrer Klippe steht
Blickt blind –
Augenhöhlen
Geben Stimme dem Wind

Wo einst Dein Lächeln fand sein Heim
Verhallt
Der Stein blieb kalt
Der
Verzerrten Form
Gefangener Schrei
Gegen den Himmel

Verdammt ist das Geheimnis
Das bewahrt was nicht mehr ist

Melanie Reinartz

Allein

Meine Sündenflut an Tränen
Reißt alle Dämme nieder.
Mein Flammenschwert voll Schmerz
Brennt Herzensschreie fein zu Staub.
Meine Venen liegen brach,
Mein Geist versiegt im Sand,
Welten gehen unter,
Schreie werden stumm.
Roter Himmel fällt,
Ich bin allein.

Jenny Hörig

Gebrochenes Herz

Vom Schmerz verzerrt
Die Welt sich dreht verkehrt
Das Herz in tausend Splitter
Qualen
Hinter des Schmerzens Gitter

Gebrochenes Herz
Doch ein Blumenmeer im März
Die Welt sich dreht verkehrt
Nur der Schmerz der sich vermehrt

Der Schmerz
Beim Brechen des Herzens
Beim Schneiden an den Scherben

Eva Herold

Fabrik

Bitte,
schalte die Maschinen nicht ab!
Sie laufen heiß und explodieren.
Lass mich
im Funkenregen untergehn,
anstatt an Sehnsucht zu erfrieren.
So lass doch die Maschinen an!
Alles wird krachen und verdampfen,
ohne Dich ist alles gleich,
soll'n sie mich doch
zu Staub zerstampfen!

Christoph Sommer

Gebrandmarkt

Ich schreibe
Deinen Namen in brennenden Buchstaben
Über mein Herz
Tag und Nacht mich nach dir verzehrend

Ich schreibe
Deinen Namen in brennenden Buchstaben
Über mein Herz
Nach deiner Berührung dürstend wie eine Rose nach Licht

Ich schreibe
Deinen Namen in brennenden Buchstaben
Über mein Herz
Keine Hoffnung nur dein Bild vor mir sehend

Ich schreibe
Deinen Namen in brennenden Buchstaben
Über mein Herz
Um ihn in alle Ewigkeit bei mir zu haben

Ich schreibe
Deinen Namen in brennenden Buchstaben
Über mein Herz
Es schmerzt

Simone Brühl

Der Leidensbote

Eine Frau
Unfähig Dich zu lieben
Dein Liebesgott
Dein Leidensengel

Ein anderer Mensch – der zu dir hält
Bereit Dir das Verweigerte zu geben
Steht stumm
Von Dunkelheit umgeben

Aus Liebesgott der Leidensgott
Aus Leidensengel – Liebesengel

– fliegt hinfort –

Nur einer
Bleibt vor Ort
Schreit vor Ort

Um zynisch kichernd zu verkünden
Dich mit dem Leidensgott verbündend
Tanzt im Takt der Liebestote

Gez. Dein privater Leidensbote

Martin Evels

Ohne Dich

Ohne Licht
gleich dem Morgenstern
Dich zu sehen
Stern hinterm Horizont
so klar

Lange fremde Leere
schweigenden Stimmen gleich
voll Erinnerung an Dich
sanft rauschend
so erfüllt

Grundloses Wissen
gleichend alten Inschriften
Deinem Namen zu gedenken
golden schimmernd
so leicht

Ausgelöstes Bild
hellen Sonnenschein gleichend
Dich zu erinnern
überstrahlend Leben
so erleuchtend

Bittend Nichts
gleich der Stille
ohne Deine Worte
zwischen Nachtlichtern
so erhaben

Andenkend Kühnheiten
unbegehbaren Brücken gleich
Deinen Namen zu sprechen
träumend von Türmen
so vermessen

Rasende Zeit
gleichend Sternenlicht
von Dir zu wissen
im Himmelsblau
so fern

Treibende Gedanken
fließenden Goldstaub gleich
Deinen Namen zu entdecken
zwischen Seiten
so flüchtig

Lesend Worte
gleichend fremden Spuren
Deinen Namen zu finden
auf unbeschriebenen Blättern
so häufig

Erkennend Wenig
gleich einem Augenblick
bist Du
in der Zeit
so unersetzlich

Thomas Bruns

verhext

Viele Frauen rühren mich
und gerne auch belüg ich mich
mich sanft in ihren Armen wiegend
zur Ruhe komm im Bette liegend
doch mein Herz es schreit heraus
Ich Lügner Ich, halt es nicht aus
bedecke meinen Schmerz mit ihnen
sanfte Qualen Kreise ziehen
um meiner Seele tiefe Narbe
an der ich meine Träume labe
von Dir du Hexe aller Sinne
wo Tränen ziehen eine Rinne
und äußerlich die Seel erscheint
in Narbenflechten mich vereint
trotz all der sengend, bebend Schmerzen
trag ich nur Dich in meinem Herzen
keine Frau kann dich bezwingen
denn nur Du kannst mich zum Weinen bringen

Christiane Weiner

Damals

Der Tag trägt graue Mäntel nun,
die Nacht ist nackt
und friert auch noch unter der Bettdecke
der Regenwolken
beladen mit Gedanken
und Dingen, die nie waren.
Beladen mit Momenten,
in denen ein ja oder nein
alles hätte verändern können.
Damals.

Marc Dalloul

Glück und Leid

Im Glück der Liebe sind wir den Engeln gleich.
In ihrem Leid
Erhebt es uns aus der Dunkelheit
Und macht aus uns den Himmel in dem sie leben.

Werner Moskopp

Für Josephine

In einer kalten Winternacht
Auf einem zugewehten Felde
Sitzt zitternd in des Baues Kälte
Ein einsam liebendes Kaninchen
Und sehnt sich hin mit aller Macht
Zu seinem Herzens-Josephinchen
Und sehnt sich fort mit aller Macht
Zu seinem fernen Josephinchen

Es weint der Wind so bitterlich
Auf seinem birkenborken Haine
Und mit ihm stimmt ins Seufzen ein
Das einsam darbende Kaninchen
Und sendet Küsse inniglich
Hinaus ans liebe Josephinchen
Und sendet Küsse inniglich
In Wünschen an sein Josephinchen

„Ach, Josephinchen, Finchen, ach,"
Hallt's durch die klirrend eis'ge Flure
„Wo weilt mein Josephinchen nur?"
Entfährt es schluchzend dem Kaninchen
Es schmachtet trauten Nächten nach
Als nahe war sein Josephinchen
Und trauert wachen Nächten nach
Geschmiegt ans zarte Josephinchen

Ha! Hat's dort nicht im Schnee gescharrt
Mit kleinem Rosenpfötchen
Es springt voll Hoffnung in der Not
Hervor das blinzelnde Kaninchen
Und merkt es ward vom Sturm genarrt
Vorm Eingang ist kein Josephinchen
Und wird gewahr vom Sturm genarrt
'S ist weit und breit kein Josephinchen

Die Augen schleierhaft und trüb verhangen
Kriecht es zurück in triste Neste
„Wie schlecht es sich alleine leben läßt ..."
Senkt hier den Kopf das kleine Häschen -
Da stupst ganz sanft von aus dem Nest ein Näschen
Und lächelnd schmiegt sie sich an das Kaninchen -
Es ist das süße Josephinchen
„Wie bist du nur hereingelangt?"
„So wisse trauriges Gemüt, wie sehr du auch verhangen
Nie weiß man welchen Weg das Glück kommt plötzlich
Heimgegangen ..."

Daniela Panteleit

endlose liebe

genetisch unbegrenzt
eine liebe tief gepflanzt
sekundenlang den abschied geprobt
bis zum abspann
doch kurz vorm filmriss
ist alles wieder gut

Daniel Dölschner

Liebesbeweis

Von Zeit zu Zeit bist du mir fern –
sprichst deine eigene Sprache
gehst deinen eigenen Weg

Immer dann zeigst du mir
wer du eigentlich bist –
zeigst mir, warum ich dich liebe

Gunhild Hotz

Getragen

Erfüllt vom sanften Schein der Kerzen
durchströmt mich still ein warmes Licht,
ein Feuer brennt in meinem Herzen
in Deiner Liebe Angesicht.

Unweigerlich ward es entfacht
aus nie erlosch'ner Aschenglut:
Was nun zur Liebe ist erwacht,
sich einst in uns'rem Haß entlud.

Doch sind's die Gegensätze nicht
von denen sich das Feuer nährt,
sonst hätt' die Lieb' da ihr Gesicht,
wo sich dies Feuer selbst verzehrt.

Nur da, wo Geist und Herz sich einen,
wo Festgefügtes still sich löst,
wo Gegensätze gleich erscheinen,
da ist das wahre Ich entblößt.

Ach laß' getrost die Masken fallen,
ich will Dein Sein in Händen halten,
laß' Dein Dir eig'nes Ich aufwallen,
wie gerne laß' ich Milde walten

bei jeder Unzulänglichkeit,
lieb' Dich mit Licht- und Schattenseiten,
stets neu und doch zu aller Zeit.
Laß' Liebe uns den Weg bereiten!

Ein Feuer brennt in meinem Herzen
in Deiner Liebe Angesicht,
entflammt es, frei von allen Schmerzen,
und wärmt, aber verbrennt mich nicht.

Thomas Bruns

Unsterblich

Es verblaßt nicht, es heilt nicht
Es ist keine Wunde. Ist Liebe, Liebe zu Dir
Warum sollte es heilen? Ist ewig, ewig in mir
So wird bleiben was niemals zerbricht

Peter Wayand

Am Abgrund

(In der Art eines Plagiats)

Sieh' in das tiefe herrliche Blau –
Falle hindurch und lasse es zu,
Dass Dich Ihr Bann so zart und lau,
Gefangenhalte im reinen Du!

Du fliegst im allumfassenden Sein!
Das Herz, der Verstand, – sie können's nicht greifen –
Du fühlst Dich, als wärst Du berauscht vom Wein –
So unendlich leicht – jetzt bist Du am reifen!

Doch plötzlich löst das Blau sich auf.
Du fällst, nein, stürzt, von Schwärze umfangen!
Es gibt keinen Halt, es gibt kein Erbarmen –

Und dann erwachst Du in Ihren Armen.
Es hat nun ein Ende, Dein ängstliches Bangen.
Wer bestimmt ihn denn nun, *des Schickals Lauf?*

Cindy Vogel

Kälte - solange sie spinnt

Ruheloser Geist
Gesponnenes Netz undurchdringbarer Sinnzusammenhänge
Gewirr etikettierter Gedanken
Nicht kategorisierbar
Nicht zähmbar
Bereitschaft zu spüren verspricht möglichen Halt
Lässt Entwirrung zu
Nicht endender Kampf
Kopf gegen Herz
Gefühle trüben den Verstand
Vernunft begräbt abermals jedes Lodern
– gibt der Spinne ihr Leben zurück

Meinolf Finke

Das Leben und die Liebe

Liebe das Leben und lebe die Liebe,
so stillst Du Sehnsucht und menschliche Triebe,
Dein Leben wird tiefer, vielleicht gar erfüllt,
Bedürfnisse werden durch Glück so gestillt.

Das Leben wird größer, so groß wie die Welt,
wenn Glück sich zu Liebe im Leben gesellt,
erkenne sein Glück, wem dies widerfährt,
so wird sein Glück noch durch Liebe genährt.

Das Leben braucht Liebe wie Liebe ein Paar,
das ohne die Liebe sehr einsam nur war,
der Mensch wird durch Liebe ein glückliches Wesen
und kann durch die Liebe von Vielem genesen.

Zum Leben gehört auch gemeinsames Streben
nach Glück und Erfüllung im Liebesleben,
denn Leben und Liebe bilden ein Paar,
wer dies nicht erkennt, bleibt ewig ein Narr.

Saskia Ziegelmaier

Liebesgezeiten

Zeit teilt Leben
in Du und ich
in wir heute und gestern,
in Blicke und Augenblicke,
in Licht und Schatten,
in Berührung und zärtliches Spüren,
in Hitze und unsere haltlose Hingabe
– glücklich.

Zeit teilt Leben
in Tränen der Erinnerung,
in Kälte und suchendes Tasten,
in Frieren und Verlieren –
vor der Kulisse unserer Träume
stehen diesmal wir als Protagonisten
und spielen sie immer wieder die
älteste Geschichte der Menschheit.

Autoren-Profile

Rüdiger Britten

Rüdiger Britten

(Geboren am 29. Juni 1973 in Saarlouis)

Rüdiger Britten wurde im Juni 1973 im Saarlouis des Saarlandes geboren, wo er seine Kindheit und Jugend verbrachte. Die Enge des Landes und die Fragen, die es zu beantworten galt, machten jedoch bald klar, daß es noch anderes geben mußte, das es zu entdecken lohnt. So zog es ihn nach Trier, ein Studium des Maschinenbaues zu beginnen, welches vor allem eins zeigte, – daß dies nicht der Weg war. Er lernte dort viel über das Leben, die Liebe und von dem, was beides so mit sich bringt.

In der naiven Vorstellung, die Welt sei durchweg gut, zeigte er sich als ein guter und schwer desillusionierbarer Schüler. Neben der Zuneigung zum Leben entdeckte er in Trier auch seine Liebe zur Photographie. So wechselte er nach Köln, um seinen Weg in der Kameraabteilung des Filmgeschäfts fortzusetzen. Im Rahmen dessen bereiste er bald halb Europa und kam an Orte, die ihn immer wieder von Neuem das Staunen lehrten. Rüdiger Britten arbeitet als freiberuflicher Kameraassistent und lebt nach wie vor in Köln.

Bevorzugte Dichter:

François Villon (1431-1463)
Kurt Tucholsky (1890-1935)
Christian Morgenstern (1871-1914)

Gedichte:

Simone Brühl

Simone Brühl

(Geboren am 25. September 1977 in Euskirchen)

Nach ihrem Abitur am St. Angela-Gymnasium in Bad Münstereifel orientierte sie sich zuerst in Richtung Schauspielerei. Sie besuchte Theaterschulen in Berlin und New York und arbeitete daneben als freiberufliches Model. 1999 ging sie nach Kiel und studierte dort zwei Jahre an einer renommierten Schauspielschule. In dieser Zeit entdeckte sie ihre Liebe zur Musik und zum Gesang, machte Gesangsaufnahmen mit dem bekannten Musikproduzenten Tom Betzel, bevor sie 2002 nach Hamburg übersiedelte, um dort eine Ausbildung an der Vocaline zu machen. Ihre jüngsten Aufnahmen stammen aus der Feder des Produzenten Michael Hagel. Neben der Liebe zur Musik und ihrem feinsinnigen Talent für die Malerei (www.zeoz.de), seit Herbst 2005 Studium an der Freien Kunsthochschule in Hamburg, beweist Simone Brühl, daß sie auch auf literarischem Gebiet Bestechendes zu leisten vermag. Eindrucksvoll sind ihre tiefgründigen Gedichte (JUNGE LYRIK I-III). Sehr gerne verfaßt sie neben der Lyrik auch Kurzprosatexte. Im Augenblick arbeitet sie an ihrem ersten Kinderbuch.

Bevorzugte Dichter:

William Shakespeare (1564-1616)
Gioconda Belli (1948-
Erich Fried (1921-1988)

Gedichte:

Thomas Bruns

Thomas Bruns

(Geboren am 16. November 1976 in Greven)

Bereits im Kindergarten stellte der kleine Thomas fest, daß ihn mit den heimischen, gesellschaftlichen Konventionen nichts verband. Auf seiner Suche nach Liebe und Freiheit schaffte er es dennoch, Grundschule und Gymnasium zu meistern und landete daraufhin irgendwie bei der Bundeswehr.

Nach zehn belanglosen Monaten dort begann er ein Studium der Volkswirtschaftslehre an der Westfälischen Wilhems-Universität in Münster und wechselte nach vier Semestern zu den Studiengängen Politik, Philosophie und Komparatistik an selbiger Universität.

Auf seiner ersten Indienreise im Winter 2001/2002 gelangte er, nach einem 35-stündigen Aufenthalt in einem Laden in Hampi irgendwie in den Besitz von vier Kilogramm Silberschmuck, obwohl er eigentlich nur eine Hose kaufen wollte, was sein Leben verändern sollte.

Heute ist Thomas Bruns selbständig und handelt mit Silberschmuck und kunsthandwerklichen Gegenständen aus Indien und Indonesien.
Kontakt: amwegesende@gmx.de

Bevorzugte Dichter:

Hermann Hesse (1877-1962)
Rainer Maria Rilke (1875-1926)
Friedrich Nietzsche (1844-1900)

Gedichte:

Marc Dalloul

Marc Dalloul

(Geboren am 7. August 1973 in Gehrden)

In Gehrden nahe Hannover geboren wuchs Marc Dalloul in Göttingen auf, wo er 1993 sein Abitur machte. Seit 1995 studiert er an der Fachhochschule in Bochum Architektur. Im Rahmen seines Studiums lebte er ein Jahr lang in Spanien.

In dieser für ihn sehr lebendigen Zeit setzte er sich intensiv mit Kunst und Philosophie auseinander, was später seine Interessen in diesem Bereich nachhaltig beeinflußte. Sein Lebensmotto lautet: „ – Schönheit ist es, die mein Auge lenkt zu den Dingen denen ich begegne – Als etwas Nicht-Haptisches empfinde ich den Wunsch, es mit meinen Händen zu berühren, mich mit meinem Gefühl mit dem zu verbinden, was ein/sein Eigenes ist, in dem sich/mir dennoch mein Innerstes zeigt. Was ich im anderen sehe, das wollte ich auch meinen Empfindungen geben. Ein Heim, in dem sie leben können, wie sie sind, außerhalb von mir, um rein zu sein – ." Neben dem Studium der Architektur und der Kunst sind auch die Musik, das Zeichnen und der Sport wichtige Teile in seinem Leben.

Bevorzugte Dichter:

Rose Ausländer (1907-1988)
Rainer Maria Rilke (1875-1926)
Heather Nova (1968-

Gedichte:

Daniel Dölschner

Daniel Dölschner

(Geboren am 9. Januar 1976 in Frankfurt am Main)

Aufgewachsen in Kronberg im Taunus. Dort 1996 Abitur; es folgt der Zivildienst.

Zum Wintersemester 1998/99 Beginn des Studiums der Amerikanistik und Philosophie an der Johann Wolfgang Goethe-Universität in Frankfurt am Main. Abbruch nach dem achten Semester, um sich ganz dem Schreiben zu widmen.

Bisher sind zwei Bücher mit Haiku erschienen, „Die Hochhäuser im Rücken" (minimart 2004) und „Neu gesehen" (Wiesenburg 2004). Zudem sind Haiku in zwei Diplomarbeiten, in Anthologien und Zeitschriften sowie im Internet zu finden.

Die Texte in dieser Anthologie sind Teil des aktuellen Buchprojekts, einer Sammlung von Liebesgedichten. Neben dem Schreiben bildet das Fotografieren den zweiten Schaffensschwerpunkt.

Daniel Dölschner ist Mitglied der Deutschen Haiku-Gesellschaft und lebt als Freier Texter in Augsburg.

Kontakt: daniel.doelschner@gmx.de

Bevorzugte Dichter:

keine bestimmten

Gedichte:

Martin Evels

Martin Evels

(Geboren am 25. November 1972 in Münster)

Daß er aus Begeisterung schreibt, kann man über Martin Stefan Evels nicht sagen, denn das Schreiben ist ein Muß für ihn. Ein Vielschreiber ist er nicht, weil das Schreiben sich die Themen aussucht, ihn übernimmt, ihn durch Gefühle zwingt und ihn erschöpft zurückläßt. Die Wortwahl ist unbewußt. Die Überschrift ist der Schlußstein des Textes, nicht dessen Anfang bei der Textentstehung.

Das Schreiben „aus dem Impuls" begann Ende der 80ziger, nachdem sich das Verhältnis zum Fach Deutsch entspannt hatte durch den Wechsel von der Realschule zur Hauptschule, der ausgelöst wurde durch die Sprachfächer.

Es folgte die gymnasiale Oberstufe Technik, Bundeswehrzeit und 1995 die Ausbildung zum Technischen Zeichner. Doch auch die Weiterbildung zum Techniker konnte das Schreiben aus dem „System" nicht verdrängen, weil er aus dem Schweigen immer wieder ins Schreiben heimkehrt, ohne zu bleiben.

Kontakt: m.evels@t-online.de

Bevorzugte Dichter:

Annette von Droste Hülshoff (1797-1848)
Bertolt Brecht (1898-1956)
Alma Kažić (1980-

Gedichte:

Frank Findeiß

Frank Findeiß

(Geboren am 19. September 1971 in Trier)

Auf- und herangewachsen in Koblenz wurde er von einer langen Schulzeit hin bis zum Abitur 1992 geprägt. Nach einem Intermezzo bei der Bundeswehr entschloß er sich 1994 für das Studium der Philosophie, Soziologie und Erziehungswissenschaft, das er im Jahre 2001 erfolgreich mit einer Magisterarbeit zu einem der umstrittensten deutschen Geister, Karl Marx, abschloß. Außer im Bereich der schreibenden Zunft, der er sich 1994 mit dem Verfassen von Kurzgeschichten, Aphorismen und Lyrik anschloß, wobei er letzterem Genre bis heute verbunden geblieben ist (sein bescheidenes Werk ist in zahlreichen Anthologien veröffentlicht), bleibt er auch musikalisch tätig und arbeitet mit seiner Band Method11 momentan an einem Album (www.method11.de). Nebenbei eignet er sich journalistisches Wissen an. Nach seinem Praktikum als Moderator bei Radio96acht/ Bürgerfunk Radio Bonn Rhein-Sieg ist er derzeit freier Mitarbeiter in der Musikredaktion eines Online-Magazins (www.bumbanet.de) und schreibt dort Rezensionen.

Bevorzugte Dichter:

Johann Wolfgang von Goethe (1749-1832)
Peter Bichsel (1935-
Heinz Rudolf Kunze (1956-

Gedichte:

Meinolf Finke

Meinolf Finke

(Geboren am 14. August 1963 in Arnsberg/Westfalen)

Meinolf Finke verbrachte seine Schulzeit bis zum Abitur 1983 im beschaulichen Sauerland. Nach dem Wehrdienst und einer Ausbildung zum Bankkaufmann studierte er von 1987 bis 1992 Betriebswirtschaftslehre an der Universität Bamberg. Es schlossen sich Sprachaufenthalte in Frankreich und Italien an. Seit 1993 arbeitet Meinolf Finke im Bereich der Steuerberatung und Wirtschaftsprüfung im Rheinland.

Er lebt in Bonn und entdeckte die Leidenschaft des Gedichteschreibens erst im Jahre 1998. Sie begann, als ihm am Schreibtisch ein lustiger Vierzeiler in den Sinn kam, den er aufschrieb und daraus sein erstes mehrstrophiges Gedicht verfaßte. Es ist ein Märchen, das sich um die Liebe zu den Frauen und den Pferden dreht. Meinolf Finke, der sich selbst als Schöngeist bezeichnet, liebt neben schönen Stimmungsgedichten vor allem gereimte humorvolle und romantische Gedichte. In seiner Freizeit treibt er gerne Sport (Reiten, Tennis, Tanzen, Ski alpin). Ferner schätzt er gute Bücher.

Bevorzugte Dichter:

Theodor Storm (1817-1888)
Johann Wolfgang von Goethe (1749-1832)
Wilhelm Busch (1832-1908)

Gedichte:

Vincent Fröhlich

Vincent Fröhlich

(Geboren am 26. März 1981 in Bonn)

Vincent Fröhlich, geboren in Bonn und viel zu lange dort geblieben, bis 2003. Zwischendurch anderthalbjährige Pause in Pretoria, Südafrika. Dort unbezahlbare Erfahrungen gemacht und ein paar erste Zeilen gedacht. Viele Reisen und doch immer zu wenig: Japan, Irland, USA, Frankreich. Jetzt in Bayreuth, auch ohne Wagner, dafür mit Freundin, Muse und allem.

Dazwischen und immer wieder viel zuviel Zeit in „brotlose Dinge" investiert: vor allem Literatur, Kunst und Musik (– und so wird es wohl auch bleiben). Auch selbst diese Dinge für große Kleinkunstprojekte zusammenführend: Traumabend 2004, Krimiabend 2006.

Nebenbei den Soundtrack zum eigenen Leben spielen, eine ganz andere Sorte „Gedicht", mit der Geige, aber nicht mehr klassisch.

Außerdem die Theorie (Vergleichende Literaturwissenschaft, Neue Deutsche Literaturwissenschaft, Islamwissenschaft) und hier nun die Praxis.

Kontakt: vincevegas@gmx.de

Bevorzugte Dichter:

Fish (1958-
Erich Kästner (1899-1974)
Ludwig Fels (1946-

Gedichte:

Julia Groth

Julia Groth

(Geboren am 3. Mai 1984 in Düsseldorf)

Julia Groth kam am dritten Mai zur Welt und an ihrem Geburtstag ist meistens schönes Wetter. Vermutlich liegt es daran, daß sie heute immer noch recht klein ist, denn Mairegen macht bekanntermaßen groß, und davon gab es in ihrer Kindheit und Jugend anscheinend nicht genug. In dieser Zeit begann sie bereits mit dem Schreiben und verfaßte kleine Geschichten. In einer dieser Geschichten spielte ein schwarzer Citroen eine tragende Rolle, weil sie sich sicher war, daß dieses Auto das einzige akzeptable Gangsterauto sei. Möglicherweise schreibt sie ja eines Tages noch Kriminalromane.
Seit 2003 studiert Julia in Köln. Die Studienfächer haben bereits einige Male gewechselt und werden es möglicherweise noch häufiger tun; nur die Begeisterung für Skandinavistik hat sich festgefressen. Sie ist sich ganz und gar nicht sicher, daß das Lyrikverfassen eine Zukunft hat und träumt deshalb eher davon, eines Tages als gutdotierte Journalistin in einer Innenstadtwohnung mit Wintergarten zu leben. Aber bis dahin bleiben ihr die Gedichte.

Bevorzugte Dichter:

Georg Trakl (1887-1914)
Erich Kästner (1899-1974)
Blixa Bargeld (1959-

Gedichte:

Eva Herold

Eva Herold

(Geboren am 3. Februar 1982 in Würzburg)

Mit ungefähr zehn Jahren begann sie erste Gedichte und Geschichten zu schreiben, was nach vollendeter Kindheit und während der anschließenden Pubertät zu einem festen Teil ihrer Persönlichkeit wurde. In Würzburg besuchte sie das Röntgen-Gymnasium und machte kurz darauf ein viermonatiges Praktikum in der Psychiatrischen Abteilung des Kreiskrankenhauses Tauberbischofsheim. Von 1999 bis 2001 absolvierte sie eine Ausbildung zur Kinderpflegerin. Doch der Drang, sich kreativ zu betätigen, war stärker, so daß sie beschloß, einen künstlerischen Weg einzuschlagen. Da sie Zeichnen und Malen auch schon immer sehr mochte, verschlug es sie für ein halbjähriges Zwischenspiel an eine freie Kunstschule in Heilbronn. Inzwischen steckt sie im letzten Drittel eines Studiums der Malerei und Grafik an der Akademie der Bildenden Künste in Karlsruhe. Daneben blieb sie dem Schreiben immer treu, unter anderem, weil es ihre Phantasterei legitimiert. Ansonsten widmet sie ihre Zeit mit Vorliebe dem Reisen und Singen und ist ein Fan von Obskuritäten und Festen aller Art.

Bevorzugte Dichter:

Friedrich Hölderlin (1770-1843)
Rainer Maria Rilke (1875-1926)
Charles Bukowski (1920-1994)

Gedichte:

Jennifer Hörig

Jennifer Hörig
(Geboren am 22. Januar 1980 in Dortmund)

In Dortmund ist sie nicht nur geboren, sondern auch aufgewachsen (mit allem, was dazu gehört). Nach ihrem Abitur 1999 zog sie hinaus in die weite Welt. Sie arbeitete neun Monate auf einer Farm in Island, fernab von jeglicher Zivilisation. Trotz dieser Abgeschiedenheit hat sie sich selten in ihrem Leben so geborgen und erfüllt gefühlt. Dort hatte man Zeit, den wirklich wichtigen Dingen im Leben nach-zugehen und nicht in einem Strudel der allgemeinen Großstadthektik unterzugehen. Das Reisen und die Freiheitsliebe spielen eine große Rolle in ihrem Leben. Neben dem Studium der Philosophie und der Psychologie widmet sie sich dem Leben und versucht, mit großen Kulleraugen durch die Welt zu gehen und alles zu hinterfragen, was sie nicht versteht. Nicht immer sind die Antworten schön. Aber lieber steht sie wieder auf nach dem Fallen, anstatt ein Leben lang nur zu kriechen aus Furcht vor dem Fall. Sie wünscht sich die Kraft, das zu ändern, was sie ändern kann, mit dem leben zu können, was sie nicht ändern kann und die Weisheit, den Unterschied zu erkennen.

Bevorzugte Dichter

Johann Wolfgang von Goethe (1749-1832)
Hermann Hesse (1877-1962)
Heinrich Heine (1797-1856)

Gedichte:

Gunhild Hotz

Gunhild Hotz

(Geboren am 7. März 1977 in Weinheim)

Nach ihrem Lehramtsstudium an der PH Freiburg mit der Fächer-
kombination Deutsch, Biologie und katholische Theologie unterrich-
tet Gunhild nun seit 2003 an der Anne-Frank-Realschule in Engen.
Seit ihrem 16. Lebensjahr von Gedichten fasziniert, die versuchen, das
Unsagbare zu sagen, entdeckte sie bald ihre eigene lyrische Ader und
es ist ihr seither ein tiefes Bedürfnis, durch ihre Gedichte in einen
inneren Dialog mit denjenigen Menschen zu treten, die ihr viel
bedeuten und die sie etwas spüren, fühlen und verstehen lassen
möchte, das weit über den bloßen Wortsinn hinaus geht. Die meisten
ihrer Gedichte sind demnach personenbezogen, aber dennoch hat sie
den Wunsch, über das Persönliche hinaus etwas Allgemeingültiges
auszudrücken und andere Menschen dadurch mit den verborgenen
Tiefen ihrer Seele und ihrer Sehnsucht in Berührung zu bringen.
Im Jahre 2003 publizierte sie bereits Gedichte in der Reihe „JUNGE
LYRIK" (Band III), ebenfalls erschienen im Martin Werhand Verlag.
Kontakt: gunhild.hotz@web.de

Bevorzugte Dichter:

Heinrich Heine (1797-1856)
Rainer Maria Rilke (1875-1926)
Theodor Storm (1817-1888)

Gedichte:

Roberto Isberner

Roberto Isberner

(Geboren am 3. Januar 1979 in Frankenberg)

Sein Diplom-Pädagogik-Studium mit Schwerpunkt Erwachsenen- und Weiterbildung an der Universität zu Köln schloß Roberto 2005 mit Auszeichnung ab und möchte nun ein Master-Studium der Theaterpädagogik an der Berliner Universität der Künste anschließen. Bereits jetzt leitet er diverse Theaterkurse u.a. an der Universität zu Köln und bildungspädagogische Seminare für das DRK Köln. Künstlerisch ist Roberto auf einigen Feldern aktiv: Seit 2001 spielt er in der mitgegründeten Improvisationstheatergruppe LAUTER, die regelmäßige Auftritte in Kölner Theatern, Bars und auf überregionalen Veranstaltungen verzeichnet. Seit 2003 ist er Mitglied im Poesie-Quartett LYROCK: Hier werden während der Lesungen die selbstverfaßten Texte der drei Poeten von einem DJ verdichtet. Außerdem moderiert Roberto mit dem LYROCK-DJ Benjamin Weiß den neuen Kölner Poetry Slam REIM IN FLAMMEN. Roberto sieht sich nicht als Dichter, sondern vielmehr als ein kritischer Begleiter seiner Umwelt. Danken möchte er allen Menschen, die ihn unterstützen. Kontakt: zero.berto@gmx.de

Bevorzugte Dichter:

Erich Fried (1921-1988)
Heinz Erhardt (1909-1979)
Sven Regener (1961-

Gedichte:

Patrick Klein

Patrick Klein

(Geboren am 14. Juli 1977 in Frechen)

Geboren wurde Patrick Klein in Frechen bei Köln. Er wuchs in Königsdorf, einem Dorf unweit von Frechen, auf und besuchte dort die Grundschule.

Sein Abitur machte er 1997 am Gymnasium in Frechen. Nach einem einjährigen Praktikum im elterlichen Unternehmen entschloß sich Patrick Klein, ein geisteswissenschaftliches Studium an der Rheinischen-Friedrich-Wilhelms-Universität Bonn zu beginnen. Im Jahre 2004 schloß er sein Studium mit dem Magister Artium ab. Heute promoviert er in Bonn bei Prof. Dr. Wolfram Hogrebe über die Philosophie Immanuel Kants und arbeitet als Wissenschaftliche Hilfskraft am Institut für Philosophie der Universität Bonn.

Seine Freizeit verbringt er mit Lesen, Wandern und Langstreckenlauf. Das Dichten überläßt er ganz den Musen. Keine Inspiration – kein Gedicht. Alles andere nimmt er gern selbst in die Hand. Für Patrick Klein rangiert der Glaube an die Willensfreiheit vor dem Glauben an das Schicksal.

Bevorzugte Dichter:

Johann Wolfgang von Goethe (1749-1832)
Wolfram von Eschenbach (1170-1220)
Joseph von Eichendorff (1788-1857)

Gedichte:

Melanie Krinke

Melanie Krinke
(Geboren am 5. April 1975 in Duisburg)

In 21 Jahren absolvierte Melanie in Duisburg den Kindergarten, die Grundschule, das Gymnasium und schloß mit dem Abitur 1996 ab. 1997 zog sie nach Essen. Nach einer Ausbildung zur Vermessungstechnikerin begann sie 1999, Vermessung zu studieren. 2006 wird sie ihr Diplom machen. Danach schaut sie, was ihr das Leben so bietet. Vermutlich ein fester Job als Ingenieurin, aber eventuell zieht sie auch als dichtende Aussteigerin in die weite Welt. Wahrscheinlich unwahrscheinlich, aber nicht ausgeschlossen. Zum Schreiben kam sie, weil ihr mit der Zeit klar wurde, daß sich die Gefühlswelt am dankbarsten in der Lyrik konservieren läßt und man sie auch besser ordnen kann, wenn man sie aufschreibt. Neben der Dichtung liegen ihr noch viele andere musische Bereiche am Herzen. Musik rangiert dabei recht weit oben auf der Favoriten-Liste, wobei sie selber nur ein bißchen Gitarre spielt. Sie singt außerdem gern und empfindet alles, was mit der Stimme gemacht werden kann, als große Kunst. Synchronisieren ist einer ihrer Träume für die Zukunft.

Bevorzugte Dichter:

Bertolt Brecht (1898-1956)
Patrick Süskind (1949-
Katharina Franck (1963-

Gedichte:

Stefan Krüger

Stefan Krüger

(Geboren am 29. September 1974 in Köln)

Nach einer herrlichen Kindheit im Rheinland, die 1994 mit dem Abitur endete, begann Stefan Krügers lyrische Laufbahn. Allerdings wurde dieses bedeutende Ereignis nicht pompös gefeiert; in Wahrheit ahnte der frische Dichter selbst kaum, was aus ihm werden würde, als er mit zwei ehemaligen Mitschülerinnen einen konfliktreichen Urlaub in der Bretagne verbrachte. Er dichtete einfach vor sich hin, um den Streitereien zu entgehen. Gewiß waren seine ersten Ergüsse nicht von überwältigender Qualität, aber einmal angefangen, arbeitete er fleißig weiter. Während des Zivildienstes in Quadrath-Ischendorf und des Germanistikstudiums in Bonn reimte er unbeirrt und verfeinerte allmählich Ausdruck und Form. Seit dem erfolgreichen Studiumsabschluß mit Magister arbeitet Stefan Krüger seit 2005 als Texter in einer Werbeagentur, ohne sein eigentliches Berufsziel aus den Augen verloren zu haben. Er blickt inzwischen auf eine große Zahl von Gedichten zurück, und auf viele seiner Texte ist er sogar richtig stolz. 2008 erscheint im Martin Werhand Verlag sein eigener Gedichtband.

Bevorzugte Dichter:

Rainer Maria Rilke (1875-1926)
Gilbert Keith Chesterton (1874-1936)
Christian Morgenstern (1871-1914)

Gedichte:

Anne Laubner

Anne Laubner

(Geboren am 13. Februar 1982 in Berlin)

Es begann im Jahre 1982. Nichts konnte es aufhalten. Es kam einfach. Man nannte es Anne. Anne besucht ab 1994 die Theresienschule. Währenddessen beginnt es sich für die „brotlosen", schönen Künste zu begeistern, das Interesse für Theater wird seitens einiger, engagierter Lehrer geweckt und es erlernt das Violoncello. Orchester und Darstellendes Spiel, ein Jahr in texanischen Gefilden mit großartigen Menschen und die wachsende Faszination an der Wortmalerei folgen. Nach dem Abi: Lebensfindungskonfusion, welche bis heute anhält, schreiben entknotet ein wenig. Schließlich: Einschreibung in Greifswald und Einzug in liebenswerte 9er WG (allerhand freudiger Sinn und Unsinn). Nebenher: Bands, die sich mitunter auflösen, Schreibwerkstatt „Gustav" und damit verbundene Lesungen. Man füttere das Annefitia Laubnarensiosa mit guten Filmen und Gitarrenmusik, insofern es auch auf Reisen gehen darf; so fand es letzten Sommer des Großvaters Grab in Siebenbürgen. – Diese Veröffentlichung ist in lebendiger Erinnerung & Liebe Zack gewidmet.

Bevorzugte Dichter:

Allen Ginsberg (1926-1997)
Günter Kunert (1929-
James Douglas Morrison (1943-1971)

Gedichte:

Martin Lemmer

Martin Lemmer

(Geboren am 4. April 1979 in Bad Königshofen im Grabfeld)

Geboren wurde Martin Lemmer in dem Städtchen Bad Königshofen im Grabfeld, wo er auch aufwuchs und die Schulbank drückte. Nach Abitur und Zivildienst zog er nach Erlangen, wo er seitdem lebt und arbeitet. Dort machte er seinen Abschluß zum staatlich geprüften Übersetzer für Englisch (www.uebersetzer-uebersetzung-dolmetscher.de/uebersetzer_englisch_franzoesisch_erlangen.htm).

Seit nun 10 Jahren entstehen vor allem Liebeslyrik, metaphorische Gedichte sowie absurde Kurzgeschichten. Da er nicht gerne von sich selbst spricht, soll dies hier ein anderer für ihn tun: "Martin Lemmer schafft Wortwerke fast bildhauerischer Natur, deren pittoreske Konzepte einerseits voller Sehnsucht, andererseits voller Wehmut und Kritik mit positivistisch-grotesken Farbnuancen spielen. Das Bestreben, sämtliche Eindrücke in Einklang mit dem Jetzt und Hier zu bringen, entzündet gerade durch die Metaphorik den Funken der Wahrheit jener Zeilen, an die jeder bestimmt schon einmal insgeheim gedacht hat."

Bevorzugte Dichter:

Arthur Rimbaud (1854–1891)
Neil Gaiman (1960–
Helmut Krausser (1964–

Gedichte:

Thorsten Libotte

Thorsten Libotte

(Geboren am 20. Juli 1972 in Bonn)

Nach der Grundschule Longenburg in Niederdollendorf setzte er seine Schullaufbahn 1982 am Städtischen Gymnasium am Petersberg fort. Schon während seiner Schulzeit kristallisierte sich heraus, daß seine Fähigkeiten im naturwissenschaftlichen und im künstlerisch-kreativen Bereich zu suchen waren. Im Juni 1991 erhielt er sein Abitur. Nach dem Wehrdienst begann er im Herbst 1992 sein Studium als Student an der Rheinischen-Friedrich-Wilhelms-Universität in Bonn. Im Jahr 2000 erlangte er den akademischen Grad eines Diplombiologen. Nach einem Jahr als wissenschaftliche Hilfskraft wechselte er im Frühjahr 2001 an die Universität zu Köln, um als Promotionsstudent an der medizinischen Fakultät zu forschen und erlangte im Sommer 2004 den akademischen Grad als Dr. rer. nat. Mittlerweile arbeitet er als BI-Consultant in einer Softwarefirma.

Thorsten Libotte ist verheiratet, Vater einer Tochter und eines Sohnes. In seiner spärlichen Freizeit zwingt ihn seine kreative Ader jedoch manchmal zu lyrischen Ausbrüchen aus dem Alltag.

Bevorzugte Dichter:

Hermann Hesse (1877-1962)
Sarah Kirsch (1935-
Erich Fried (1921-1988)

Gedichte:

Werner Moskopp

Werner Moskopp

(Geboren am 21. Januar 1977 in Koblenz)

Liebe ist ein Mangel ... Wie bin ich hier bloß reingekommen? Und: Wodurch wird mir die Ehre zuteil, mich selbst als amourösen Gegenstand abzuhandeln? Ich hoffe, doch noch auf dem richtigen Weg zu sein, auch wenn ich mich hier plötzlich in einer Liebesanthologie wiederfinde. Letztlich bin ich seit nunmehr fast drei Jahrzehnten in allen Lebensbereichen dem Ruf des Herzens gefolgt und so habe ich diesen Ort und diese Zeit wohl verdient. Beide möchte ich nutzen, um mich bei meiner mosköpplichen Familie, meinen Forever-FreundINNen und meiner josephinischen Liebe zu bedanken, die mir dieses abtrünnige Vegetieren sowohl durch finanzielle als auch durch geistige Zuwendung ermöglichen. Speziell in diesem „Liebestaumel"-Band geht zusätzlich ein Gruß an diejenigen Frauen, die die Gedichte zu je ihren „Jahreszeiten" angestoßen haben. In obigen Zeilen werden keine Synths und keine Aprioris verwendet, nur echt empfundene (Liebes-) Power, MOettel und Might. Ich bitte dies zur Wahrung meines – der Verzärtelung anheimgestellten – Images zu berücksichtigen!

Bevorzugte Dichter:

Sarah Kirsch (1935-
Ror Wolf (1932-
Ulrike Draesner (1962-

Gedichte:

Daniela Panteleit

Daniela Panteleit

(Geboren am 6. Juli 1972 in Frankfurt am Main)

In Nordhessen aufgewachsen und zur Schule gegangen, zog es Daniela 1992, nach Abitur und zweimonatiger Theaterhospitanz in Kassel, nach Köln zum Studieren. Und acht Jahre später – pünktlich zum Jahrtausendwechsel – hielt sie das Magisterzeugnis als Beweis für die jahrelangen Mühen in Germanistik, Kunstgeschichte und Archäologie in Händen. Doch was nun? Sollte es doch die Musik sein? Als Sängerin durch die Clubs touren und kleine Fernsehauftritte zu ihrem Zenit des Erfolgs erklären? Oder eher der Leidenschaft für das geschriebene Wort nachgeben? Sie beschloß, erstmal in einer PR-Agentur als Texterin Karriere zu machen. Doch künstlerischer Wille und wirtschaftliches Wollen waren ihr unvereinbar. So beschloss sie 2001, freiberuflich als Musikerin und Autorin, unterstützt von einer tugendhaften, regelmäßigen Tätigkeit, der Welt entgegenzutreten. Derzeit entsteht der erste Roman, bisher im Umlauf sind veröffentlichte Gedichte, Songtexte, Rezensionen und einige musikalische Aufnahmen.

Bevorzugte Dichter:

Kurt Schwitters (1887-1948)
Gottfried Benn (1886-1956)
Christian Morgenstern (1871-1914)

Gedichte:

Kathrin Raab

Kathrin Raab

(Geboren am 25. Oktober 1980 in Ochsenfurt)

Kathrin ist das älteste von zwei Kindern und verlebte eine sehr ruhige und ländliche Kindheit auf einem Dorf bei Würzburg. Nach dem Abitur im Milleniumjahr 2000 entschied sie sich nach zwei Semestern Germanistik und Volkskunde zunächst gegen ein Studium und begann im September 2001 eine Ausbildung zur Masseurin und medizinischen Bademeisterin an der Staatlichen Massageschule in Würzburg.

Mit dem Abschluß eines halbjährigen Praktikums in einem Krankenhaus nahm sie das Germanistikstudium 2004 wieder auf. Ihre Begeisterung für das Schreiben entdeckte sie bereits im Grundschulalter und lebt diese Leidenschaft seitdem in Gedichten, Kurzgeschichten und Erzählungen aus. Gerne läßt sie sich von Autoren inspirieren und liest in ihrer Freizeit klassische sowie zeitgenössische Literatur. Als Ausgleich zu den vorwiegend geistigen Beschäftigungen treibt sie viel Sport und läßt ihrer Kreativität in den Bereichen Musik und Kunst freien Lauf.

Bevorzugte Dichter:

Gottfried Benn (1886-1956)
Herrmann Hesse (1877-1962)
Erich Kästner (1899-1974)

Gedichte:

Melanie Reinartz

Melanie Reinartz

(Geboren am 11. September 1982 in Köln)

Am 11. September 1982 schlich sich Melanie Reinartz leise auf diese Welt und verbrachte ihre Kindheit in Rheidt in der Nähe von Siegburg.

Im Oktober 2003 konnte sie dann das Kopernikus-Gymnasium in Lülsdorf mit dem Abitur in der Tasche verlassen.

Nach einem kurzen Aufenthalt an der Johannes-Gutenberg-Universität in Mainz und einem noch kürzeren Versuch, einen Bürojob bei einem Notar nachzugehen, besucht sie nun seit 2004 die Rheinische-Friedrich-Wilhelm-Universität in Bonn und studiert dort auf Magister Germanistik und Anglistik, um später vielleicht einmal in den Medien Fuß fassen zu können.

In ihrer Freizeit beschäftigt Melanie sich gern mit Filmen und deren Musik sowie Fantasy-Literatur von Tad Williams, J.R.R. Tolkien und Wolfgang Hohlbein. Zudem versucht sie sich zurzeit selbst an einer Geschichte, die die Leser irgendwann einmal in eine fremde Welt entführen soll.

Bevorzugte Dichter:

Johann Wolfgang von Goethe (1749-1832)
Damien Rice (1973-
Joseph von Eichendorf (1788–1857)

Gedichte:

Holger Riedel

Holger Riedel

(Geboren am 3. Oktober 1978 in Münster)

Bereits im Kindesalter begann Holger Matthias Riedel damit, Skizzen und kleine Bilder zu zeichnen. Seine Lieblingsmotive galten der Tierwelt. Seine Kindheit und Jugendzeit verbrachte er in der Heimatstadt Münster. Er besuchte dort Grundschule und Gymnasium, bevor er 1996 auf ein Internat wechselte. Hier machte er erste lyrische Erfahrungen und begann erstmals damit, lyrische Texte und Kurzgeschichten zu schreiben. Eine weitere Leidenschaft war das Zeichnen von Portraits. Da ihm der Bereich des kreativen Gestaltens besonders lag, begann er 1996 in Münster mit einer dreijährigen Ausbildung als Gestalter im Bereich Grafik-Design. In dieser Zeit vertiefte er seine künstlerischen Ambitionen. So entstanden erste Arbeiten, wie ein lyrischer Gedichtband, eine Plakatreihe und erste Illustrationen für Kindergedichte. Nachdem er über zwei Jahre in einer Werbeagentur gearbeitet hatte, startete er 2005 einen Neuanfang in Form eines Studiums als Kunsttherapeut.

Kontakt: holger-riedel@gmx.de

Bevorzugte Dichter:

Rainer Maria Rilke (1875-1926)
Mascha Kaleko (1907-1975)
May Ayim (1960-1996)

Gedichte:

Inga Rüders

Inga Rüders
(Geboren am 16. Juli 1974 in Freiburg)

Geboren und aufgewachsen in Freiburg. Dreiländereck und Bächle-leben. Jung, unruhig und wenig seßhaft. 1997: Sprung in die Welt. Koffer zu und fahr mich zum Flieger. Eigene Schritte, so fern wie nötig. Leben in London. Bunt, schnell und wer bin ich wirklich.
1999: Rückkehr nach Deutschland, gewollt und eigens gesollt. Krankheit und Tod der Mutter. Alles ist nichts und nie wieder mehr. Leere, Not, Unausweichlichkeit.
2001: Umzug nach Hamburg. Elbe, Wind und Nordgewichte. Fisch an Land und Herz im Magen. Fremdes Ich und neues Du. Begegnung, Aktives, Umgestaltung.
2005: Noch immer Hamburg. Ausgebildet, umgebildet, neu geformt. Viel Erlebtes, halb Verdautes, alt Ersehntes. Im Schutz des Vergessens auch halb Blockiertes. – Schritt-etablierter und zwangloser gehen. Konsequent und Wahl-stringent. Und gleich unterm Strich das Missen der Wellen. Denn anders nicht kennen und brauchen und fühlen. In neuer Gestalt auf dem Fuße des Lebens.

Bevorzugte Dichter:

Else Lasker-Schüler (1869-1945)
Sarah Kirsch (1935-
Paul Celan (1920-1970)

Gedichte:

Isabel Seifried

Isabel Seifried

(Geboren am 6. Juli 1977 in Ingolstadt)

Isabel Belinda Seifried wurde am 6. Juli 1977 als Tochter einer allein erziehenden Mutter in armen Verhältnissen in Ingolstadt geboren. Mit dem Schreiben von Gedichten begann sie bereits als Zehnjährige. Von 1985-1994 besuchte sie die Grundschule an der Ungernederstraße in Ingolstadt, von 1989-1994 die Hauptschule an der Herschelstraße, die sie mit dem qualifizierten Hauptschulabschluß abschloß. Ihr Abitur holte sie auf dem Zweiten Bildungsweg im Fernunterricht nach. Ihr Berufsweg führte in den Handel, den Bürobereich und die Logistik, dennoch behielt sie immer ihr eigentliches Ziel, Autorin zu werden, vor Augen.

Ein kleiner Durchbruch gelang ihr 2002, als ihr Debütband „Seelenstriptease" im Schaedt Verlag Oldenburg erschien. Ein Jahr später erschien ihr Gedichtband „Frauenpower" im selben Verlag. Neben der Schriftstellerei hört sie gerne klassische Klavierstücke, widmet sich der Aquarellmalerei und musiziert. Sie lebt als Single in Ingolstadt.

Bevorzugte Dichter:

Hermann Hesse (1877-1962)
Friedrich von Schiller (1759-1805)
Eugen Roth (1895-1976)

Gedichte:

Alexander Simm

Alexander Simm

(Geboren am 2. August 1981 in Friedrichshafen)

1981: nasses Licht, Freiheit, Musik und Lieder. 1988: Ordnung, Hänseleien und Tränen. 1997: Liebe, Leiden, nebenbei Gymnasium in Tettnang. 1999: das zweite Licht, phönikaler Aufstieg, ein Glück. 2000: wieder Musik, profane Auftritte, Erfolg und Trennung, immergleiches Prinzip der unvollendeten Perfektion. 2001: Abitur und Abschied, Dunkelheit. 2002: schriftleeres Lehramtsstudium in Konstanz. Fächer: Deutsch, Biologie, Philosophie. 2004: Rückkehr, Gedichte (Ins Blaue gedacht ...). 2005: Klang, Desillusion einer schönen Welt, Ästhetik, paralleles Studium und Orientierung im Raum, „Jeder Kunst muß eine Musik vorausgehen, sonst fühlt sie nichts", soziale Selektion. Neben der Diskrepanz zwischen moderner Naturwissenschaft und alltäglichem philosophischem Verständnis sind vor allem der misanthropische Haß und die Entschleierung einer durch und durch entgötterten, abstoßenden Welt, lyrische Antriebskräfte. Dichten als Handwerkskunst und Freude an formaler Stabilität. Ein einsamer Weg, der nur durch unbezahlbaren familiären Rückhalt und Freunde möglich war.

Bevorzugte Dichter:

Georg Trakl (1887-1914)
Bertolt Brecht (1898-1956)
Alfred Lichtenstein (1889-1914)

Gedichte:

Christoph Sommer

Christoph Sommer

(Geboren am 27. September 1979 in Schweinfurt)

Nach seiner ruhigen Kindheit und einer bewegten Jugend im romantischen Frankenland zog es Christoph nach seinem Abitur in die schöne, aber regnerische Hansestadt Hamburg. Hier absolvierte er seinen Zivildienst bei einer lokalen Aids-Hilfe, was seine Sicht auf das Leben grundlegend prägte. Durch verschiedene Praktika kam er mit mehreren Bereichen der Medienbranche in Berührung und landete schließlich an einer Universität für Medien, erst in Hamburg, dann in Berlin. Nach seinem Abschluß als Bachelor of Arts fokussierte er sich auf den Aufbau einer eigenen Agentur für Multimediale Dienstleistungen. In seiner Freizeit studiert er menschliche Eitelkeiten – immer noch mit großem Interesse. Im Schreiben von Texten findet er seine Enklave fernab der Wirren des Alltages. Dies aber nicht immer zwingend verständlich. Doch am Ende ergibt alles Sinn. In den letzten Jahren wurde seine Denkweise besonders durch die psychologischen Theorien von Carl Gustav Jung beeinflußt. Der Fluß treibt ihn weiter, seine Zukunft ist immer noch offen.

Bevorzugte Dichter:

William Shakespeare (1564-1616)
Oscar Wilde (1854-1900)
Xavier Naidoo (1971-

Gedichte:

Dominik Maximilian Steinruck

Dominik Maximilian Steinruck

(Geboren am 21. Mai 1979 in Würzburg)

Durch die Eltern, einem Franken und einer Niederbayerin, war die zukünftige Entwicklung schon vorgegeben: Ein Leben voller Gegensätze. Schon während der Schulzeit, von Grundschule bis Gymnasium, zeigte es sich deutlich, daß in Dominiks Brust zwei Herzen schlugen. Die eine Seite, die offensichtliche, ein draufgängerischer, extrovertierter Klassenclown, und die andere, eine geheimgehaltene sensible Dichterseele. Diese sollten sich erst später vermischen und ergänzen. Nach dem Wehrdienst begann er das Lehramts-Studium der Anglistik und Germanistik in Würzburg. Was anfangs eine Verlegenheitslösung war, entwickelte sich bald zu einer echten Liebe, und nach einem Studienjahr am Trinity College in Dublin hatte Dominik es geschafft, auch seine heimliche Seite herauszubringen und ganz offen zu sagen: „Ich will schreiben!" Die Zeiten waren mal mehr, mal weniger produktiv, aber geschrieben hat er seitdem immer. Außerdem hat Dominik noch eine andere große Liebe: Das Theater, und seit vielen Jahren spielt er nun schon in verschiedenen Laiengruppen.

Bevorzugte Dichter:

Erich Kästner (1899-1974)
Christian Morgenstern (1871-1914)
Oscar Wilde (1854-1900)

Gedichte:

Cindy Vogel

Cindy Vogel

(Geboren am 3. April 1980 in Neuwied)

Cindy Vogel, geboren im Zeichen des Widders im Jahr 1980, interessierte sich schon als Jugendliche für Lyrik und gelangte dadurch sehr schnell selbst zum Schreiben von Gedichten. Um ihre persönliche und künstlerische Entwicklung zeigen zu können, wählte sie für diesen Band Gedichte aus, die sowohl zeitnah als auch in frühen experimentellen Phasen entstanden. Ihre Gedichte leben durch die Erinnerung an vergangene Zeitperioden und darin enthaltene Persönlichkeiten. Sie sind ein Versuch, ihre Welt in Worte zu fassen und für andere zugänglich zu machen. Einige dieser Verse erscheinen kalt und dunkel – wie eine Winterlandschaft mit einer von Schnee bedeckten Stille. Wenn man es zuläßt, offenbart sich jedoch zugleich eine eisige Schönheit, die das tiefste Innere mit ihrer Berührung erwärmt und gleichzeitig erstarren läßt. An anderen Textstellen spiegelt sich ihre innere Unruhe wider, die sich bisher durch ihr gesamtes Leben zog – rastlos auf der Suche nach neuen Ufern, ohne jedoch die Hoffnung zu verlieren, irgendwo einen Ankerplatz zu finden.

Bevorzugte Dichter:

Gottfried Benn (1886-1956)
Rainer Maria Rilke (1875-1926)
Oswald Henke (ca. 1966-

Gedichte:

Peter Wayand

Peter Wayand

(Geboren am 2. April 1972 in Bendorf)

Nach erfolgreich abgeschlossener Lehre zum Industriekaufmann studierte er Germanistik, katholische Theologie und Geschichte auf das Lehramt an der Universität Koblenz-Landau. Er schrieb seine erste Staatsarbeit über die Theologie Karl Mays und die zweite über Shakespeares „Romeo und Julia". Seit 2003 ist er als Lehrer an der Graf-Heinrich-Realschule in Hachenburg tätig. Seine Arbeitsschwerpunkte sind dort unter anderem die Theateraufführungen. So brachte er beispielsweise im Juni 2005 Karl Mays einziges Drama zu seiner ersten wirklichen Uraufführung. Er singt und spielt in einer Band, für die er auch textet und komponiert. Darüber hinaus ist er als klassischer Bariton in Kirchenkonzerten und bei Themenabenden vertreten, die er selbst entwirft, konzipiert, leitet und durchführt. Derzeit arbeitet er, sofern seine Zeit als Lehrer das zuläßt, an einem Theaterstück, mehreren kleinen Erzählungen und einem parodistisch-satirischen Hörspielprojekt. Die Lyrik bleibt weiter eine Herzensangelegenheit, die er ernst und wahrnimmt, wann immer ihn die Muse küßt.

Bevorzugte Dichter:

Karl May (1842-1912)
Wolfgang Hildesheimer (1916-1991)
Philipp Vandenberg (1941-

Gedichte:

Christiane Weiner

Christiane Natalie Weiner
(Geboren am 6. Dezember 1981 in Köln)

1981 wurde sie als einzige Tochter eines deutsch-polnischen Ehepaares in Köln geboren. Nach mehreren Umzügen während ihrer frühen Kindheit landete sie schließlich im beschaulichen Kleinstädtchen Meckenheim bei Bonn, wo sie die Grundschule absolvierte. Danach besuchte sie das St. Joseph-Gymnasium in Rheinbach. Im Mai 2001 schloß sie dort ihre Schullaufbahn erfolgreich mit dem Abitur ab. Für die weitere Ausbildung hat sie Bremen zu ihrer Wahlheimat erkoren und ist dort an der Universität im Diplomstudiengang Biologie eingeschrieben.

Schon früh begann sie in ihren Tagebüchern, Worte zu Gedichten zu formen, bis sie schließlich im Januar 2000 die ersten Schritte an die Öffentlichkeit wagte. Seither veröffentlichte sie in mehreren Anthologien und Literaturzeitschriften. Das Schreiben ist eines ihrer größten Hobbys und erleichtert es ihr, die vielen Gedanken, die sie ständig begleiten, zu ordnen. Durch Lyrik können Menschen fühlen, spüren und verstehen – weit über den bloßen Wortsinn hinaus.

Bevorzugte Dichter:

Erich Fried (1921-1988)
Hilde Domin (1909-2006)
Czeslaw Milosz (1911-2004)

Gedichte:

Martin Werhand

Martin Werhand

(Geboren am 13. Mai 1968 in Neuwied)

Als Herausgeber und Begründer der Anthologie-Trilogie „JUNGE LYRIK" (1999-2002) vermutlich ein poetisches „Enfant idéaliste"! Nach sonniger Kindheit und manch musischen Ergüssen, wie dem Anfertigen von Zeichenskizzen, Songtexten und einigen temperamentvollen, musikalischen Eigen-Kompositionen, wandte er sich nach bescheidenen Erfolgen in seiner Jugend-Zeit (Veröffentlichungen von Kurzgeschichten im Bastei-Verlag), Anfang 20, mit neuem Tatendrang wieder seiner eigentlichen Liebe zu, dem Schreiben.

Nach dem Abitur 1988 und anschließendem Wehrdienst (Verweigerung 1992), diversen Aushilfs-Jobs sowie anderen Neben-Tätigkeiten jener Tage folgte zum Wintersemester 1992/93 sein Magisterstudiengang an der Philosophischen Universität zu Köln mit der Fächerkombination Germanistik, Anglistik und Theater-, Film- und Fernsehwissenschaft. Seit 1992 freischaffender Filmmusik-Korrespondent mit zahlreichen Veröffentlichungen im In- und Ausland. Seit 1994 freischaffender Astrologe. 1997 Verlagsgründung.

Bevorzugte Dichter:

Friedrich von Schiller (1759-1805)
Rainer Maria Rilke (1875-1926)
Wilhelm Busch (1832-1908)

Gedichte:

Susanne Wewers

Susanne Wewers

(Geboren am 19. Mai 1978 in Salzgitter)

Susanne Wewers wurde 1978 als jüngste Tochter der drei Kinder einer Pastorenfamilie in Salzgitter geboren. Ihre Schulzeit beendete sie mit dem Abitur 1997 am Kranich-Gymnasium in Salzgitter. Im Anschluß daran war sie in einem Jugendzentrum im Rahmen eines Freiwilligen Sozialen Jahres tätig. Nach dieser für sie prägenden Zeit begann 1998 ihr Lehramts-Studium für Grund-, Haupt- und Realschulen an der TU Braunschweig. Während des Studiums vertiefte sich das Interesse an der Lyrik, zeitweise hielt sie als wissenschaftliche Hilfskraft Lyrikseminare für Studienanfänger. 2003 begann das Referendariat, danach verschlug es Susanne in den Norden. Dort lehrt sie seitdem an einer Grund- und Hauptschule bei Itzehoe.

Bereits seit der Kindheit spielt sie Sopran-, Alt- und Tenorflöte, bis vor kurzem im Blockflötenensemble der Musikschule Salzgitter. Neben der Begeisterung zur Musik schrieb sie als Teenager ihre ersten Gedichte. Diese sind geprägt von den Texten Herbert Grönemeyers, den sie als ihr lyrisches Vorbild ansieht.

Bevorzugte Dichter:

Herbert Grönemeyer (1956-
Eva Strittmatter (1930-
Kurt Schwitters (1887-1948)

Gedichte:

Saskia Valeska Ziegelmaier

Saskia Valeska Ziegelmaier
(Geboren am 9. Juli 1975 in Aalen)

Sie verließ ihre Heimat, um in Hohenschwangau Abitur zu machen. Sie verließ das Land der Schlösser und Seen, um in der Arbeiterstadt Mannheim das Handwerk der Wissenschaft zu erlernen. Sie verließ die Quadratestadt, um in der Mittelmeermetropole Barcelona die Spuren von Dali und Gaudi zu suchen. Sie verließ die Costa del Sol, um in Mainz nach der öffentlichen Meinung zu fragen. Sie verließ die Hochburg der Fastnacht, um in Berlin die Sprache der Politik und in Frankfurt Sprache der Wirtschaft zu erlernen. Sie verließ die deutschen Regierungs- und Finanzmetropolen, um in Kanada die Natur und die Lebensart indischer Einwanderer zu erleben. Sie verließ die Pazifikküste, um in Bonn weiter zu forschen und zu lehren. Sie verließ die ehemalige Bundeshauptstadt, um in Hamburg, die Glitzerwelt der Medien zu hinterfragen. Sie verließ den Norden, um in Heidelberg zum zweiten Mal ihr Herz zu verlieren. Dort lebt und arbeitet sie heute als Redakteurin und freie Autorin und schreibt – für und über ein bewegtes Leben.

Bevorzugte Dichter:

Ingeborg Bachmann (1926-1973)
Hilde Domin (1909-2006)
Hermann Hesse (1877-1962)

Gedichte:

Bücher-
Seiten

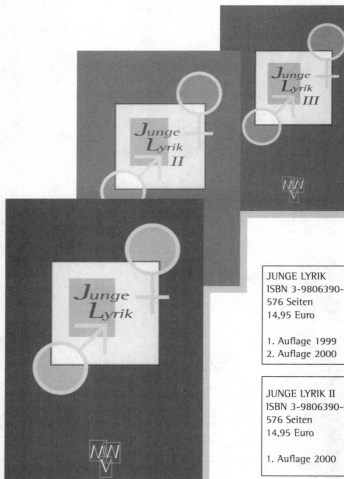

JUNGE LYRIK
ISBN 3-9806390-1-0
576 Seiten
14,95 Euro

1. Auflage 1999
2. Auflage 2000

JUNGE LYRIK II
ISBN 3-9806390-0-2
576 Seiten
14,95 Euro

1. Auflage 2000

JUNGE LYRIK III
ISBN 3-9806390-3-7
576 Seiten
14,95 Euro

1. Auflage 2002
2. Auflage 2003

Im Buchhandel: Die JUNGE LYRIK-Reihe

Junge Lyrik
50 Dichterinnen und Dichter

Kaum erschienen, ist der erste Band der Reihe „JUNGE LYRIK" bereits zum Kultbuch avanciert. Er vereinigt kaleidoskopartig 750 Gedichte von fünfzig Autoren mit philosophischen, sozialkritischen, politischen Themen, Balladen, Liebeslyrik, dramatischem oder humorvollem Sujet zu einem tiefgründigen und sehr abwechslungsreichen Potpourri. Eine wahre Schatztruhe voller geistiger Kleinode und Juwelen.

Unzählige der hier versammelten Gedichte besitzen brillantes, zeitloses Potential. In diesem Zusammenhang möchte ich Ihnen – lieber Leser – als Lyrikliebhaber gerne einige meiner ganz persönlichen Favoriten ans Herz legen. Zum Beispiel:

Dirk Adelsecks Gedicht	„Die Schöpfung"
Dirk Bueskens Gedicht	„Autopoet"
Björn Funks Gedicht	„Morgengrauen"
Selma Handžićs Gedicht	„Der Demokrat"
Patrick Joistens Gedicht	„Der Wett-Läufer"
Bernard Krebs' Gedicht	„ausbrechen?"
Stefan Krügers Gedicht	„Auf dem Arbeitsamt"
Thorsten Libottes Gedicht	„Zapping"
Daniela Panteleits Gedicht	„Komplizierte Liebe 1"
Christoph Pierschkes Gedicht	„Aufstand"
Michael Schleehs Gedicht	„Personalausweis"
Daniela Schmidts Gedicht	„Wär' ich der Schnee"
Jan Valks Gedicht	„Ende der Urzeit"
Markus Weilands Gedicht	„Kleine Prinzessin"
Thomas Wensings Gedicht	„Verbotene Frucht"
Beata Zielinskis Gedicht	„Die Jagd"

um nur einige wenige lyrische Kostbarkeiten aus diesem Band zu nennen.

Stellen Sie doch einfach eine eigene Liste Ihrer Lieblingsgedichte zusammen ... Viel Spaß dabei!

Martin Werhand

Junge Lyrik II
50 Dichterinnen und Dichter

Auch der zweite Band der Reihe „JUNGE LYRIK" vereinigt wieder sehr interessante und intime Texte von 50 Autoren (750 Gedichte) mit den unterschiedlichsten Themen und Gefühlen zu einem komplexen, einzigartigen und vielschichtigen Gesamtwerk.

Wie schon der erfolgreiche Klassiker „JUNGE LYRIK" weist auch die „JUNGE LYRIK II" wieder zahlreiche phantastische Highlights auf, in meinen eigenen sehr persönlichen Einzel-Perlen ausgedrückt sind es:

Kathrin Anders' Gedicht	„Seit Jahr und Tag"
Simone Brühls Gedicht	„Der Puppenspieler"
Christian Brunes Gedicht	„Im Kreis"
Joe Dramigas Gedicht	„Kulturbeutel"
Christian Eßers Gedicht	„Venedigs Maskenball"
Tobias Garsts Gedicht	„Großstadtdezember"
Thekla Hohmanns Gedicht	„Schräger Ruhm"
Patrick Joistens Gedicht	„23"
Stefan Krügers Gedicht	„Der Tod in der Glocke"
Thorsten Libottes Gedicht	„Neid"
Claudia Moraveks Gedicht	„farbbrotstraßen"
Frank Rahdes Gedicht	„Bett(ler)"
Mario Ramos' Gedicht	„Oder so"
Evelyne A. Solgas Gedicht	„Die Mumie"
Peter Wayands Gedicht	„Grevenburg"
Thomas Wensings Gedicht	„Sturmes Stimmen"

um wieder nur einige wenige lyrische Schätze aus diesem Band zu nennen und (hervor)zuheben.

Machen Sie sich doch einfach eine eigene Liste mit Ihren Lieblings-Gedichten ...

Viel Vergnügen!

Martin Werhand

Junge Lyrik III
50 Dichterinnen und Dichter

Die Autoren-Auswahl fiel dieses Mal besonders schwer, waren die Highlights doch unendlich vielfältig, zahlreich und einfach summa cum laude. Damit hat die JUNGE LYRIK mit dem Band III ihren würdigen Höhepunkt erreicht. Erneut vereinigt auch diese Anthologie die herausragenden poetischen Werke von 50 Autoren (750 Gedichte) und erlaubt so einen imposanten Querschnitt der jüngeren deutschen Dichtungsgeschichte und beeindruckt durch faszinierende Tiefsinnigkeit und brillante lyrische Qualität. Wie schon „JUNGE LYRIK" und „JUNGE LYRIK II" weist auch der letzte Band dieser Reihe eine absolut bestechende Klasse auf. Hier meine 16 persönlichen Top-Favoriten:

Kathrin Anders' Gedicht	„Rochade"
Simone Brühls Gedicht	„Zeitlauf"
Thomas Bruns' Gedicht	„Kreuzweg"
Florian Ciesliks Gedicht	„Unartig"
Marc Dallouls Gedicht	„Der Phoenix"
Frank Findeiß' Gedicht	„Hai society"
Patric Hemgesbergs Gedicht	„Lyrische Empathie"
Gunhild Hotz' Gedicht	„Die Sanduhr der Zeitbombe Welt"
Roberto Isberners Gedicht	„visumspflicht für nahost"
Stefan Krügers Gedicht	„Zwischen den Zeilen"
Thorsten Libottes Gedicht	„Mitbürger"
Werner Moskopps Gedicht	„Stanzen"
Holger Riedels Gedicht	„Eine Fabel"
Christiane Weiners Gedicht	„Du"
Walerija Weisers Gedicht	„Hoffnung"
Thomas Wensings Gedicht	„Auf der Bank"

Alle Gedichte sind ganz behutsam handverlesen und auch nach Jahren immer wieder das ultimative Lesevergnügen. Lyrik wie sie einfach ein Spitzenformat hat!
Erstellen Sie doch einfach eine eigenständige Übersicht mit ihren persönlichen Lieblingsstücken ... Viel Freude dabei!

Martin Werhand